말의품격

說話的品格

把真心放入話中的24個練習

李起周 이기주／著　尹嘉玄／譯

U0011163

說話的品格
把真心放入話中的 24 個練習
말의 품격

作　　者　李起周 (이기주)
譯　　者　尹嘉玄
插　　畫　岳宣
封面設計　比比司設計工作室
內頁排版　高巧怡
行銷企劃　蕭浩仰、江紫涓
行銷統籌　駱漢琦
業務發行　邱紹溢
營運顧問　郭其彬
責任編輯　林芳吟
總 編 輯　李亞南
出　　版　漫遊者文化事業股份有限公司
地　　址　台北市103大同區重慶北路二段88號2樓之6
電　　話　(02) 2715-2022
傳　　真　(02) 2715-2021
服務信箱　service@azothbooks.com
網路書店　www.azothbooks.com
臉　　書　www.facebook.com/azothbooks.read

發　　行　大雁出版基地
地　　址　新北市231新店區北新路三段207-3號5樓
電　　話　(02) 8913-1005
訂單傳真　(02) 8913-1056
二版一刷　2024年5月
定　　價　台幣360元

ISBN　978-986-489-944-9
有著作權・侵害必究
本書如有缺頁、破損、裝訂錯誤，請寄回本公司更換。

말의 품격 (The Dignity of Words : A Person's Words Are His Character)
Copyright © 2017 by 이기주 (Lee kiju, 李起周)
All rights reserved.
Complex Chinese Copyright © 2018 by AZOTH BOOKS CO LTD
Complex Chinese language is arranged with BULL MEDIA GROUP INC
through Eric Yang Agency

國家圖書館出版品預行編目 (CIP) 資料

說話的品格 : 把真心放入話中的24 個練習/ 李起周著 ; 尹嘉玄譯. -- 二版. -- 臺北市 : 漫遊者文化事業股份有限公司, 2024.05
面；　公分
譯自 : 말의 품격
ISBN 978-986-489-944-9(平裝)
1.CST: 說話藝術 2.CST: 人際關係
192.32　　　113006189

azoth books 漫遊者
漫遊，一種新的路上觀察學
www.azothbooks.com
漫遊者文化

遍路文化 on the road
大人的素養課，通往自由學習之路
www.ontheroad.today
遍路文化・線上課程

我以《言品》與其他兩本著作，以及媒體上刊登的文章作為經線，以人生中所見所聞、領悟到的事物作為緯線，縱橫經緯，交織成這本著作。

一本書，其實是由數十萬字組成的文字森林，與其一口氣跑完這片《說話的品格》，我更期盼各位能以黎明破曉時分於公園散步的姿態，優遊漫步。

——李起周

無心的一句話，
會顯現出一個人的人品。
我們每個人獨有的「味道」，
也就是所謂的「人香」，
都會從我們構思的話語中流露無遺。

序言

說出口的話就像鮭魚有著回歸本能

話語，連接人類孤島的橋梁

幾年前，我送爺爺走完人生最後一程。他闔上雙眼的那天，至今依舊令我難忘。臨終前，爺爺的意識有好幾天在生死之間徘徊，神思恍惚，生死未卜。

猶記爺爺生前最後一天，雙脣已經緊閉了好些日子，竟突然開口說出「手……」這個字。那是他在人世間留下的最後一句話，感覺不太像是一時興起脫口而出，反而像是埋藏在內心許久的話。後來，我從在醫院服務的朋友口中得知，原來有不少臨終前的病患，會在最後僅剩一口氣時說出「手」這個字。在體力透支、連張嘴說話的力氣都沒有的情況下，他們通常會想要趁最後一刻再次感受家人的溫度，因而提出「牽手……」的要求。

從那天起，關於「手」的想法在我腦中一直揮之不去。我不斷思索著人類的孤寂，或許，最終能夠安慰或者淡化人類長年孤寂的，還是他人的手心溫度及言語。

而人類就好比是各自獨立的小島，言語，正是連接這些名為人類的孤島橋梁。幸好有這樣的橋梁，我們才不孤單。

言語操控世界的時代

如今，我們正處在「言語的力量」操控世界的時代，適當的一句話不僅能一言抵千金，還能扭轉一個人的人生，甚至改變組織與團體的命運。

透過一個人的談吐，評估他的競爭力，早已不是什麼新鮮事了；近年來，能言善道愈來愈被視為魅力的象徵。

因此，有愈來愈多人憑著三寸不爛之舌，發言犀利辛辣，刺激浮誇的故事如瀑布般傾瀉而出，能言善辯的高手也如洪水般氾濫，經常把觀眾的心情搞得像在洗三溫暖一樣忽冷忽熱。

言語的反作用力

然而，世上所有的力量都具有反作用力，對外釋出力量的同時，也會對內產生相同力道，言語的力量亦是如此，要是沒有拿捏好說話或用字遣詞的分寸，一夕之間斷送前程或墜入萬丈深淵的例子比比皆是。

說出口的話語，必定會再回來

我深信，人類說出口的話語，必定會再回到自己身上，就好比逆游而上的鮭魚，潛意識裡會想要回到牠們的出生地一樣。從人類口中誕生的話語，在脫口而出的那一瞬間，不會立刻消失散去，而是繞完一圈之後，再回過頭來滲入我們的耳朵和身體裡。

人有人品，話有言品

那麼，能言善道究竟意味著什麼？關於這個問題，我依然沒有明確答案，也難以招架這樣的提問。因為人與人之間的言語交談，不是一件單純的事情，也不可能光靠三言兩語就解釋得清楚。

人所說的「話語」，不是一件容易被分析或者可以輕易下定論的對象，我只是透過寫作和結識各領域的人，領悟到了一件事——就像每個人都有「人品」一樣，原來，我們所說的話也有「言品」。

話語中流露的人香

一件物品的形體要是凹凸不平，影子勢必也會呈凹凸狀；物品的形狀要是平滑直順，影子也必然會呈現平順的線條。我們所說的話也是同樣的道理，話裡往往帶有一個人的心意，也就是所謂的「心聲」。「品」這個字，意指水準、等級，它的字形十分有趣，是由三個口組成的，也就是說，我們所說的話會堆砌出一個人的人品。

無心的一句話，會顯現出一個人的品格，不論用多麼華麗的辭藻或話術包裝也難以掩飾。我們每一個人獨有的「味道」，也就是所謂的「人香」，都會從我們構思的話語中流露無遺。

反思自己說過的話與世界觀

其實閱讀一本書，不單只是在讀作者的想法，最終是在閱讀「自己」。希望各位在翻閱《說話的品格》這本書時，能夠不斷反思自己說過的話與自己所擁有的世界觀。

閱畢本書，由衷期盼各位偶爾不妨出借自己的耳朵、而非嘴巴給他人，藉此獲得對方的真心。此外，我也期許各位能掏出埋藏在內心深處的真心，撫慰對方的傷痛，並藉此拉近與身邊好友之間的距離。

衷心期盼各位都能實踐。

願你的一句話，

在他人心田上開出鮮花。

李起周

目錄

第2章　少說少煩惱

人類最深層的情感，
往往埋藏在沉默之中。

第三章　言語即心聲

一個人散發的特有氣息，
是來自他的談吐。

第四章　豪語氣勢不凡

擄獲人心，
如獲宇宙。

第 1 章

聆聽得人心

智慧，往往來自傾聽；
後悔，大多來自發言。

01

尊重與真心

為對方打開耳朵，並且，不找藉口

項羽為什麼會敗給劉邦？

為什麼項羽會敗給劉邦？

有人說是因為項羽缺乏「人德」，不得民心，雖然他的才能與力量都遠勝劉邦，人際關係卻沒有特別好，所以最終沒能奪得天下。

這是個合理的分析：好勇鬥狠、權傾天下的猛將，往往可以暫時收服人心，卻難得真心；他們能夠靠力量壓制對方，卻無法走入對方心裡。因此，項羽無法成就大業也是必然。

從古至今，有盟友的人仍然比孤軍奮戰的人更容易在公司組織及團體裡生存，因為他們身邊有值得信賴的援軍，即使被捲入天下大亂之局，看不清前方道路，

有盟友的人比孤軍奮戰的人，
更容易在公司組織及團體裡生存，
因為他們身邊有值得信賴的援軍。

也不至於在十字路口徘徊、迷失方向。

劉備真正的武器是什麼？

在《三國演義》中被刻畫成一代名將、擅長以德服人的劉備，同樣也屬於這類型。德不孤，必有鄰，劉備以自身品德為標竿，吸引了許多傑出人才，傾聽他們的建言；招聘諸葛亮時，劉備甚至還三顧茅廬，鞠躬請託。

劉備用謙卑、柔軟、合作的態度解決難題，他的勢力如滾雪球般迅速擴張。劉備真正的武器並非刀劍，而是德行。

歐巴馬深得民心的原因

若要選出二十一世紀最具有德行的傑出領導者，你會選誰？毫無疑問，我想應該會有不少人選美國前總統歐巴馬。許多政治專家指出，歐巴馬最大的優點，就是他特有的包容力與親和力。究竟歐巴馬的領導力有哪些特點、他又是如何藉此獲得廣大美國人的支持，不妨看看接下來這則故事。

以德服人

當時，歐巴馬正在進行一場促進移民改革法案通過的演說，講台後方站有四百多名移民者專注聆聽，正當歐巴馬準備開始演講時，一名東方面孔的年輕男子突然大喊：「中止驅離移民者！中止驅離移民者！」

年輕人的口號喊得倉促，卻不像是臨時起意，似乎是醞釀許久，終於忍不住脫口而出。

歐巴馬的演說瞬間被尖銳的抗議聲打斷，壯碩的警衛將這位青年強行拖出場外，扣住他的雙手，試圖摀住他的嘴巴。

然而，這位抗議男子並沒有打算就此善罷甘休，反而脫口而出更多隱忍多時的話語，抗議聲劃破了虛空。

「政府應該中止驅離！中止驅離！」

年輕人與警衛之間氣氛緊張，這時，歐巴馬開口說道：「沒關係，他們不需要離開，他們為家庭憂心，我尊重、也能夠理解。」

他繼續說道：「但是，要解決像移民政策這種複雜的問題，確實需要政府的解釋與說服，以及相互理解。為了落實民主，我認為愈是急事，愈應該緩辦，有時繞遠路反而才是走在正確的道路上。我對你的想法很好奇，你不妨說說你的訴求是什麼？」

歐巴馬這段不失品格的危機處理，瞬間成為輿論焦點。一間報社甚至以「歐巴馬的領導力源自：儘管不認同對方的意見，也懂得尊重對方的發言權」，來報導這起事件。

尊重與真心

到了傍晚，歐巴馬的演說畫面還歷歷在目，我在首爾弘大附近的公車站牌下等車，回想他演說時那雄渾的嗓音，以及瞬間逆轉聽眾情緒的言品。

這時，一旁有對父女正在交談，他們的說話聲鑽進我的耳中。小女孩看起來似乎剛上小學，眨著她那水汪汪的大眼，抬頭看向父親，問道：「爸爸，今天在學校有學到『尊重』這個詞，但我還是不太懂，到底什麼是尊重啊？還有『真心』又是什麼意思呢？」

目測年約五十的爸爸，沒有馬上回答女兒的問題，他稍微思考了一會兒，可能在煩惱該如何不被字典裡的解釋所侷限，而像揉麵團一樣，將這兩個詞的本質重新以另一種方式解釋給女兒聽。男子緩緩抬起頭，看著漆黑一片的天空，雖然天上一顆星星也沒有，但小女孩的眼睛在黑暗中宛如星星般閃爍，為了聆聽父親的說明，她徹底敞開耳朵和心房。和女兒四目相交的父親終於開口說道：「嗯……尊重嘛，就是為對方打開耳朵的意思；真心呢，就是不找藉口吧。對，不找任何藉口……」

以聽得心

有句話叫「以聽得心」，也就是善於聆聽能得到人心的意思，確實言之有理。德國哲學家黑格爾（G.W.F. Hegel）不也曾說過：「打開心門的門把是朝內，而非朝外。」為了讓對方主動旋轉自己心門的門把，打開心門、走出心房，首先我們得要先尊重對方、體諒對方，才有機會得人心。

這些道理聽起來雖然好像很理論，其實未必。活在這個世上，我們在人際關係中會面臨無數問題，為了解決這些問題，一定要用適當的言語與行動來應對，而最根本的解決對策，其實就藏在對方的言談之中。

問題與解答之間，通常有一條隱形的透明線，就是要一步一步把線理好、慢慢拉近，才能縮短問題與解答之間的距離，找出適合的解決對策。

因此，要「善言」，先要「善聽」，儘管不認同對方的主張，也要懂得先尊重對方發言的權利，並且用心聆聽，才能掌握開啟對方心門的關鍵之鑰。這樣的姿態不僅可以運用在人際溝通上，對於生活在無限廣闊的人生舞台，也絕對會有莫大的助益。

人生中的智慧往往來自聆聽；
後悔，則大多來自發言。

02

傾聽與耐心

對方需要的是你的耳朵，
而不是嘴巴

與士兵把酒言歡的將軍

「我經常和士兵們把酒言歡。」

《亂中日記》[1]裡記載著這樣一句話。

各位知道留下這句話的人是誰嗎？正是終其一生都在戰場上奮勇殺敵的李舜臣將軍。一代英豪竟會與基層士兵對酌，不禁令人好奇原因何在？

為了找出答案，我們必須先從朝鮮時代上流階級的流行文化探究起。當時知識分子的日常，說是始於書房、終於書房也不為過。洪大容、朴智元、丁若鏞等韓

[1] 譯注：朝鮮王朝將領李舜臣的日記（一五九二年一月一日～一五九八年十一月十七日），記載了壬辰倭亂期間的事。

國文人為自己的書房命名時，會帶入個人的哲學觀與價值觀，其中有幾位甚至還將書房名作為自己的別號。

對於那時的文人來說，書房等於是另一個世界。據說，忠武公李舜臣也有書房。在他停留閑山島期間，就是利用一間名為「運籌堂」的書房作為個人職務室兼閱讀室。

李舜臣決勝千里的祕訣

那麼，李舜臣將軍究竟是如何在運籌堂裡運籌帷幄、決勝千里之外的呢？

如果從《亂中日記》裡常見的漢字來看，便可找到一絲線索。《亂中日記》裡，經常出現「話」「議」「論」等字眼，因此，估計李舜臣將軍生前應該是經常和參謀們「對話」「議論」及「討論」。

值得一提的是，運籌堂每晚燈火通明，若以今日的比喻，就好比是二十四小時營業的複合式文化空間。當時運籌堂進出自由，不只是中間層級的幹部經常出入，就連位階較低的士兵也很常使用。

然而，在此又出現了另一個疑問，李舜臣將軍為何要降低出入運籌堂的門檻呢？

廣邀民眾，傾聽各方建言

一五九一年，李舜臣被任命為全羅道左水使，他一抵達麗水，便著手備戰。憑藉著直覺，他嗅到了日本侵略的野心。

問題來了：若是看得見的敵軍倒還好，立即揮舞刀劍、展開廝殺便是，但是像海浪和地形這種看得見卻摸不透的地理情報，李舜臣將軍依然無法全盤掌握。

後來，李舜臣將軍邀請當地的士兵與老百姓到運籌堂，以酒水和佳餚招待，並用心傾聽他們的寶貴建言。我猜想，當時現場的對談可能如下，各位不妨自行發揮一下想像力，揣摩看看：

士兵：「燭台岩附近的海象不佳，浪濤奔流，暗潮洶湧。」

廣納情資集思廣益，
冷靜地研擬作戰計畫。
藉由聆聽促成的「制勝之形」，
在戰場上的威力明顯可見。

李舜臣將軍：「所言當真？看來，一不小心就很可能全軍覆沒。」

居民：「是，我們很多靠捕魚為生的鄰居也都被那裡的大浪捲走了。」

制勝之形

簇擁在運籌堂裡的士兵和居民分享著各自的經驗，李舜臣將軍把這些話牢記在心，隔天一早，便乘船航向大海。

陽光灑落在寧靜的大海上，將軍凝視著海面，觀察海水的波紋，他聽著海浪聲，將海的深度與暗潮位置標記在海圖上。

孫武在《孫子兵法》〈虛實〉篇裡就曾提及，打勝戰的兩個關鍵原因（或形勢），分別是「勝之形」和「制勝之形」。

「勝之形」，是指顯現於外的形勢，也就是武器、軍隊規模等；「制勝之形」則是指肉眼看不見的氣場，諸如指揮官的戰術、軍隊士氣、軍事資訊、準備狀態和形勢等，都屬於制勝之形。有時，「制勝之形」的影響力更甚於「勝之形」，能夠決定一場戰爭的成敗。

由此可見，李舜臣將軍擅長「制勝之形」，他沒有選擇在運籌堂裡單方面下達指令，反而釋出了自己的耳朵，廣納情資，和大夥兒集思廣益，冷靜地研擬作戰計畫。

藉由聆聽促成的「制勝之形」，在戰場上的威力明顯可見。李舜臣將軍徹底摸透了海岸的潮水與地形，甚至想出「鶴翼陣」的陣型策略，最終才得以擊垮敵軍。他在無數場戰役中成功克服了原本的劣勢，將外來船隻一一擊退，成為世界級的海上戰士，這一切或許也要歸功於他當初願意虛心傾聽各方建言。

運籌堂的傳說，令人聯想到美國總統辦公室——橢圓形辦公室（Oval Office），因為美國總統經常邀請參謀齊聚於此，討論國家政策。

在那裡進行的會議，氣氛往往是自由且平行的，總統不會單方面上對下地下達指令，坐在沙發上的參謀，也會毫不避諱地發表個人意見。

在橢圓形辦公室裡，領導者與參謀的意見往往會有衝突，唯有傾聽與討論，才能整合不同的意見，形成果斷的決策。

不只是用耳朵聽取聲音

如果我們將「傾」這個漢字進行拆解，會更能體會「傾聽」的箇中意涵。「傾」是指頭部倚靠於人，也就是走到對方面前，付出耳朵與關心之意。若再將「聽」字拆解開來，更能夠得到深奧的啟示：「聽」字是由耳朵的「耳」、國王的「王」、數字「十」、眼睛「目」、內心的「心」字所組成的。

可以解釋成「像國王一樣耐心用耳朵聆聽，睜開雪亮的眼睛，便能夠獲得民心」的意思。

聽別人說話，可大致分為「主動聽取」與「被動聽取」兩種。而傾聽，則是所有聽的動作中最具有品格且高層次的行為。主動聆聽（listening）對方所說的話，並給予適當回覆，屬於「主動聽取」，絕非默默聽取（hearing）對方所說的話語——也就是說，傾聽不屬於「被動聽取」。

傾聽，不僅止於解讀對方已經脫口而出的話語，還包含言語之間流露的情感，以及對方話到嘴邊卻尚未說出口的迫切心情，我們甚至可以稱之為「脈絡式聆聽」（contextual listening）。

說到這裡，讓我們再回到前面的故事。從溝通層面來看，有一號人物恰好與李舜臣將軍的品格背道而馳，那便是繼李舜臣將軍之後擔任三道水軍統制使的元均。

元均一上任，便在運籌堂四周架起竹圍籬，參謀不得擅自進入。原本開放的空間瞬間成了戒備森嚴、窗扉緊掩的地方。一個拒絕傾聽、甚至聽到建言還會勃然大怒的將帥，下場果然淒慘。元均率領的水軍在一五九七年七月「丁酉再亂」的一場漆川梁海戰中，被捲入敵軍所布下的擾亂作戰，陷入混戰，最後全軍覆沒。元均在這場戰役中不幸喪命。

人類不願傾聽的原因

豈止元均如此，現今社會不願意聆聽他人意見的現象依舊多不勝數。現代人根本不願意傾聽，也不把傾聽當一回事，一旦說的話比聽的話少，人們就會開始焦慮不安，彷彿要多爭取發言機會，才能夠得到別人多一點的認同。現代人普遍有上述這種信念，要是話說得比別人少，就會深感失落，覺得自己虧大了。

有些腦科學專家試圖從人類精密的大腦運作中，找尋難以傾聽的理由，雖然全球各個語區稍有差異，但大致來說，人類每分鐘可以說兩百個單字。反之，大腦能接收的單字則有四倍之多，約八百個單字。因此，光是使用大腦四分之一的能力，就能夠充分解讀對方的話語，根本不會意識到聆聽他人說話的必要。

用真心捕捉話中隱藏的訊息

我們總是認為自己很瞭解對方，甚至誤以為自己都有在聆聽對方所說的話，然而，人類才沒這麼簡單平庸，如同韓國詩人許筠在《東醫寶鑑》中提到的，人類是全宇宙智力最高、尊貴無比的存在，人類的頭呈圓形是以天為本，腳呈矩形則是以地為本。

人類本身就是一個小宇宙，我們所說的話，會在這個小宇宙中重生。因此，你所聽到的未必是全貌，務必要從傳入耳裡的話中捕捉隱藏訊息，讀出它的本質才

行。**若想要感受對方發自內心深處所吐露的真言，就必須用心仔細聆聽，而非單純用耳朵聽取聲音。**

希望各位在翻閱本書時，可以反覆仔細思考，回首自己過去是否有用真心傾聽過某人說話，或者將某人的小小心聲惦記於心，並讓它在你的內心無限擴大。抑或是，是否有屬於自己的運籌堂，可與人敞開心胸、毫不避諱地交談……

開放自己的心，貼近他人的心

面對「人生有限，死亡無限」這個亙古不變的真理時，人類總會感到渺小而無力。但或許也因為我們知道自己的生命還未走到盡頭，儘管處在滿是無奈與無力的環境當中，也還是努力延續著自己的生命。

我們還有無限可能。

若你還保有一絲真心，想要貼近重要對象的心房，那麼，由衷建議你在心中一隅搭建一座屬於自己的運籌堂。

現在站在你面前的那個人，
或許需要的是你的耳朵，而不是你的嘴巴。

03 共感與同理

你的痛，便是我的痛

溝通的精髓

十多年前，一部名叫《茶母》的韓國歷史劇非常紅，其中有一個場景，令人記憶猶新：男主角一邊在女主角的手臂傷口上撒著藥粉，一邊默默說道：「痛嗎？我也好痛……」

當時在電視機前收看這部韓劇的觀眾，好多人都因為這句台詞而發出讚歎，因為這句脫離男主角雙脣、闖入女主角心房的簡短台詞，字字句句都扣人心弦，如實傳遞著心疼對方的那份心意。

這不就是所謂的「共感」（也就是溝通）嗎？走進對方心裡，感受對方所承受的痛苦，並站在對方的立場和角度看事情，這樣的態度，才堪稱是溝通的精髓，不是嗎？

共感與情

共感，與我們特有的「情」字，有著相似的情感脈絡。其實「情」是個難以翻譯成英文的單字，它介於模糊地帶，要是譯為帶有「愛意」之意的單字「affection」，就會覺得好像少了「情」字裡某個很重要的東西。要是翻成帶有「愛慕」之意的「attachment」，又會覺得好像沒那麼準確。可見「情」這個字裡頭蘊含著一層外國人難以理解的特殊情懷。

有時，同情會變成利劍

不過，共感與同情，我個人認為屬於截然不同的情感脈絡。大約十年前，某家電視台記者採訪了和子女分居的一位老人，播出訪談的畫面。當老人家開口回答

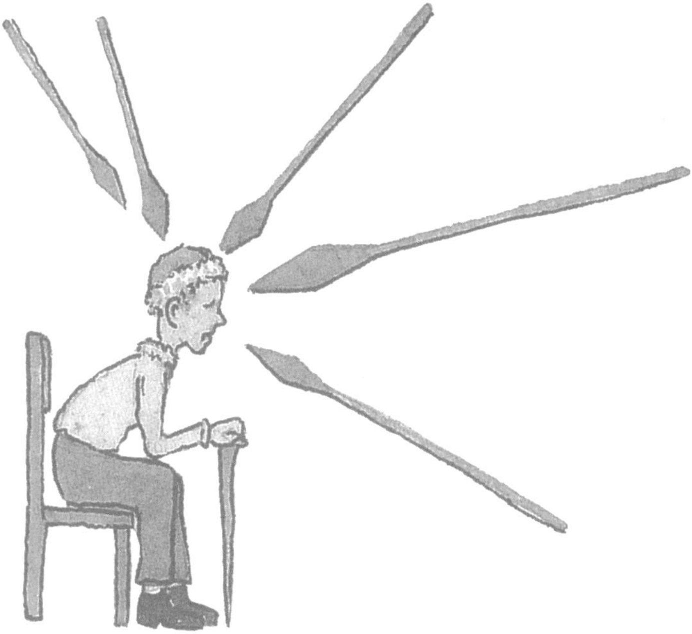

共感並不等於同情。
當你流露出的情感是同情而非共感，
不僅無法撫慰對方的傷痛，
甚至還會變成是在對方傷口上撒鹽。

記者問題時，背景便傳出悲情的音樂。

記者在採訪過程中，眉頭緊蹙，口中不時發出「嘖嘖嘖」的憐惜聲，還說出「那您接下來該怎麼辦」「您實在太可憐了」等話語，眼神中透露出滿滿的不捨。

可想而知，記者的這些回應，對於受訪者來說自然不會是一朵鮮花。因此，老人家突然不發一語，沉默了起來。從記者口中射出的一根又一根名為話語的銳利長矛，彷彿不斷在戳著老人家的自尊與過往歲月。

共感並不等於同情

同情和共感，經由截然不同的脈絡，在心中誕生。

若說「共感」是指：自己也能對他人所承受的痛苦感同身受，那麼「同情」則是：看著他人的悲慘處境，感到惋惜、產生憐憫之心，然後淤積在心裡一角的水灘。

水灘裡的水是靜止不動，也不深的；同情也一樣，覺得某人很可憐的心情，其實無形之中也帶有自己的狀況優於對方的膚淺判斷。當你流露出的情感是同情而非共感，不僅無法撫慰對方的傷痛，甚至還會變成是在對方傷口上撒鹽。

共感更接近「仁」

在我看來，共感更近於「仁」，與憐憫或惻隱之心完全不同。

「仁」字由「人」與「二」組成，在此並不單指「不冷漠無情或仁慈」，而是包含「天地萬物皆為一體的心態與行為」。因此，孔子早在很久以前便將「仁」視為人類必備的基本品德。人在自己身處的環境與人際關係中實踐「仁」義，方能得到認同。

而「仁」的反義詞為「不仁」，我們從《本草綱目》與《東醫寶鑑》等東方醫學史書中經常可見以下字句：

「要是身體一處麻痺，自然備感焦慮，也難與人交流情感。」

也就是說，人一旦身心狀況不佳，不僅難以察覺自己的傷痛，也無法察覺或感同身受他人的痛苦與難言之隱。

平庸的邪惡

政治思想家漢娜・鄂蘭（Hannah Arendt）更進一步警告：「無法對他人產生共感的乾涸心靈，或許也蘊藏著惡。」

猶太人大屠殺主嫌阿道夫・艾希曼（Adolf Eichmann）在耶路撒冷受審時，漢娜・鄂蘭受《紐約客》之邀前往大審現場採訪，而後發表文章，提出了「平庸的邪惡」概念。

艾希曼是二次世界大戰時，負責逮捕歐洲各地猶太人移送至收容所的關鍵人物。站上耶路撒冷戰犯裁判庭的艾希曼，只不斷以「遵守義務、聽從命令」作為回應，他的辯解不僅毫無罪惡感，就連一絲懊悔的跡象都找不到。

邪惡其實就在你我身邊

目睹這一切的漢娜・鄂蘭表示，**鑄下巨惡的人，是像希特勒這種罪大惡極之人，但是選擇與巨惡攜手或者落實於行動的人，很可能只是個平凡人。接著她大聲呼**

籲：「邪惡不像長了角的惡魔那樣詭異特殊，而是像愛一樣，隨時存在於你我身邊。」

學生時期，我在某間書店翻到漢娜・鄂蘭的著作，當我讀到這段主張時，因為深受衝擊，緊抓著書角，當場一個踉蹌。究竟是她說得太誇張？還是她把誇張的詞塞入文句之中，把自己的主張誇大了呢？在我看來並沒有。

的確，誠如她所言，惡會潛入人類的內心深處，盤結據守，阻礙我們對倫理的價值判斷思考與自我省察。要是我們無法同理他人的傷痛，毫不顧慮自己的言行是否會對他人造成影響，那麼，我們也隨時可能成為第二、第三個艾希曼。

這也是為什麼我們需要不斷在共感與鈍感、意識與無意識之間，確認自己的定位，並省察內心最深處的原因。

你的痛，
便是我的痛。

04 回應與附和

聆聽對方的需求，引導回應

新年第一道曙光

猶記某天，我和家人一大早便前往京鐵道幸州山城看日出。或許是前一晚的冷空氣尚未全部昇華為雲朵，太陽害羞地躲在雲層背後，彷彿散步在雲朵之間一樣，若隱若現。等了好長一段時間，火紅的太陽才終於露出雲層，黎明破曉，曙光普照大地。

親眼見證了新年第一道曙光之後，山上的人群便沿著山稜線排成一列，每個人都想用全身迎接新年曙光的照耀。

販賣禦寒用品的攤販也統統湊了過來，其中一位老闆舉起一條毛毯，朝一對年輕情侶說：「買條毛毯吧，很暖和喔！」

問話的順序，決定談話的方向

那對情侶面無表情走過了攤位，老闆的話根本沒有傳進他們耳裡，直接消散在空中。他們只在彼此耳邊悄悄說著，「有賣毛毯耶！」彷彿是在打情罵俏般竊笑嬉鬧。

這時，老闆不甘示弱，再度抓起毛毯一角，扯開嗓子高喊：

「便宜賣喔！真的很便宜喔！是頂級材質喔！」

但是依舊沒什麼用。對那對年輕情侶來說，價格與材質好像不是什麼特別重要的資訊。正當他們恩愛地勾著手準備離開時，隔壁同樣也是在賣毛毯的攤販老闆輕聲細語隨口向他們說道：

「你們真的很有夫妻臉，帥哥美女無誤啊！」

雖然這一聽就是場面話，但是站在那對情侶的立場，聽起來自然悅耳。緊牽著女友的男子露出了潔白的牙齒，咯咯笑著。於是老闆再次提問：「你們交往多久啦？」老闆的提問就像是從炮口發射出的飛彈，順著拋物線直直落到那對情侶面前。

說一次、聽兩次、附和三次。
用心聆聽對方的發言，
引導對方做出回應，
掌握對方的回應，撫慰彼此的心靈。

被男子緊摟在懷中的女友回答：

「剛好一百天，所以想說來看個日出，順便紀念一下。」

聽到女子回答「一百天」的老闆，耳朵馬上像兔子一樣高高豎起，眼睛也瞬間亮了起來，臉上浮現一抹淺淺微笑。接下來，老闆只用了一句話，便為這段簡短談話做了畫龍點睛的效果。

「那看來是最甜蜜的時候呢！等一下到山頂上會非常冷喔，小心別讓女友著涼了！」

沒想到男子聽完這句話以後，便以迅雷不及掩耳的速度從口袋裡掏出了皮夾，向老闆問道：

「是喔！那我應該要準備一條毛毯才對。老闆，這條多少？」

技巧地問出心理需求，讓顧客自動消費

這名攤販老闆發揮他獨有的親和力，接近了這對情侶。有趣的是，**老闆對於商**

品的優點或差異性隻字未提，卻成功售出了一條毛毯。

如果我們重新回顧這位老闆的說話順序，會有更有趣的發現。老闆只透過幾句簡短問候，便從情侶口中獲得了答案。

尤其「山頂上會非常冷」這句話，並非只是單純的資訊提供。對於才剛交往滿百日的男子來說，都聽到人家說「山頂上會非常冷」這句話了，有誰會不趕緊在女友面前掏錢購買呢？

這位賣毛毯的老闆並沒有賣力宣傳自家商品，而是讓客人自願性地消費。

說一次、聽兩次、附和三次

我仔細觀察過名主持人申東燁的主持方式，他是以「說一次、聽兩次、附和三次」的方式進行。

申東燁不會擅自打斷來賓的談話，只會營造出讓來賓能夠侃侃而談的氛圍。

就像韓國的國粹「盤索里」中的鼓手一樣，在演唱間不時添加一些「哎呦！」「好啊！」等簡短的感嘆詞，作為助興合聲，申東燁也會在來賓回答問題時，適時添加「啊哈！」「原來如此！」「然後呢？」等感嘆詞和問句。

這樣一來，來賓就會愈來愈有勇氣回答，甚至把從未在其他節目中公開的私密故事，大膽地講出來與觀眾朋友分享，就好比在人煙稀少的山中找到山泉水脈，接著鑿井，用吊繩桶舀出清水一般，滔滔不絕。

掌握對方的回應，撫慰彼此的心靈

像這樣需要說話品格的場合，豈止限於做生意和主持，如果想要打破社會各角落根深柢固的對立與溝通不暢，或許我們每個人都應該要像脫口秀的主持人，用心聆聽對方的發言，適時附和，引導對方做出回應，並且掌握對方的回應，探索、撫慰彼此的心靈。

在交談中回應彼此，形成親密感

其實，「回應」是靈長類溝通過程中的重要角色。英國演化心理學家暨人類學家羅賓・丹巴爾（Robin Dunbar）教授就曾指出，人類的溝通過程與黑猩猩的理毛過程有相似之處。

黑猩猩是群聚型動物，一旦有某隻猩猩遭排擠，便形同被判死刑，難以獨自生存。因此，黑猩猩會藉由為彼此梳理毛髮（grooming）的動作，維繫彼此間的親密感，在牠們的社會裡，這個活動並非是單純的日常消遣，而是求生行為。因此只要一有空，黑猩猩便會專注於互相梳理毛髮。部分演化心理學家主張，人類的話語正是來自這樣的梳理毛髮動作。人類在交談過程中回應彼此，目的是為了和談話成員間形成親密感，從大面向來看，則是為了在團體中求生。

任何人都需要心有所屬。

注意，是心有所屬，而非身有所屬。

當然，所屬並不限物理性的場所，也包含人心。**我們常向他人傾訴內心的憂愁，或許也是基於想讓自己的心好好休息，不全然是為了解決煩惱。**

恰到好處的安慰，讓心好好休息、癒合

有時我也會找身邊的朋友訴苦，但是我發現，比起千篇一律的安慰或鼓勵，先輕輕撥開我心中的帷幕，然後默默對我說：「類似的傷痛，我也曾經歷過。」後者的安慰方式，會比前者更打動我。彷彿對方也從內心深處掏出了自己的傷痛，毫無保留地讓我觀看。

每當我聽到這種恰到好處的安慰話語時，都不禁會浮現這樣的念頭：「當新舊傷痛重疊或相遇時，舊有的傷痛稜角是不是就會慢慢被磨平，讓我們對傷痛愈來愈無感，直到稜角完全被磨去時，才會冒出安慰與希望的新芽。」

人與人之間的對話就像流水，會依照你的回應決定談話的走向。然而，只要在談話中放入真心，對方察覺時，內心深處的傷痛自然就會被撫平。

儘管傷痛可能不會完全消失，但椎心刺骨的痛苦就再也不會在對方心中到處鑽孔，也可能因此突然豁然開朗，不再痛不欲生了。

人與人之間的對話就像是流水，
會依照你的回應決定談話的走向。

05

協商與中庸

在極端中找到折衷點

圖書館的窗邊

我記得讀大學的時候，在圖書館發生過一則趣事。那是個透明又漫長的冬季，寒風刺骨，只要打開一點點窗戶，就能明顯感受到凜冽的寒氣直竄而入。強風沿著建築物攀爬而上，擋住了想從窗戶縫隙間穿透進來的陽光，吹碎了附著在牆邊的雪花，隨風起舞，令人分不清究竟是光線折射的碎片，還是雪花碎片。

毫無交集的對話

儘管外頭天氣嚴寒，坐在前排的一名男同學還是打開了窗戶。刺骨的寒風迎面

思考雙贏的溝通方案：
「不好意思，可以把窗戶關上嗎？」
「會冷嗎？我覺得空氣不太流通耶，
可以開窗通風一下嗎？」
人生就是一連串大小協商的過程，
不論你喜歡與否。

而來，打在每個人臉上。這時，有人語帶不耐對那名男同學說：

「不好意思，可以把窗戶關上嗎？」

「會冷嗎？我覺得空氣不太流通耶，可以開窗通風一下嗎？」

「這麼冷的天，還需要通風？我看這裡大部分人都冷得全身發抖呢！」

「但是讓空氣進來會比較……」

思考雙贏的溝通方案

乍聽之下，這似乎會是一場無止境也毫無交集的對話。想開窗的男同學和不想開窗的人分成了兩派，氣氛劍拔弩張。

當時坐在窗邊閱讀的我，一點也不想把時間浪費在無謂的口舌之爭上，所以當下我心想，應該要提出一個儘管雙方都不會得利，也不至於皆輸的解決方案。

我看了看四周，我的位子正對面牆上有一扇窗，那是面向圖書館出入口附近的窗戶，就算打開，冷風也不會像牙買加短跑選手尤山．波特（Usain St Leo Bolt）

一樣，朝我們直奔而來。於是，我指向那扇窗，說道：

「不要開這邊的窗，改開那邊的窗如何？」

「喔，好吧。反正只要讓外頭的空氣進來就好。」

協商的藝術

雖然這已經是陳年往事了，但是這段在圖書館的小小協商，令我記憶猶新，未曾遺忘。其實，人生就是一連串大小協商的過程，不論你喜歡與否，我們在職場和家庭中，都經常因為薪資、吃什麼、搶電視遙控器等問題，與人面對面坐上談判桌。

反觀現實，許多人將協商視為弱者的行徑——尤其是那些直接拒絕溝通、討厭協議與妥協，充滿敵意地用伶牙俐齒咬住對方弱點不放的人，更是這樣認為。

然而，若從一輩子驍勇善戰的孫武身上學習，便會明白這樣的心態絕非上策。孫武認為，戰爭是關係軍民生死、國家存亡的大事，發動戰爭應該要非常謹慎。

他在《孫子兵法》〈謀攻〉篇中也提過，「不戰而屈人之兵，善之善者也。」意思是，不打仗就讓對方俯首稱臣，才是最好的戰略。

讓雙方都得利的心理打點

我想，孫武所強調的上策，談判可能也是其中之一。所謂談判，不是找出對方的缺點或盲點緊咬著不放，猛烈攻擊，而是將彼此的優點與利益極大化，找出不爭吵、卻能讓雙方都得利的一場對決。

有個詞叫做「最佳打擊點」（sweet spot），原本是指網球拍或高爾夫球桿上的核心擊球點——球要正好打在這個點上，才能夠創造最長的擊球距離。

協商談判中，也有所謂的最佳打擊點，只是它不是用來讓擊球距離最大化，而是扮演讓協商環境最佳化的角色。

正因為它能使雙方的利益合而為一，又能讓每一位與會者產生心理上的共鳴，因此也被稱為「心理打點」。

找尋折衷點的正和遊戲

在極端之間找尋折衷點的思維，剛好與子思的「中庸」學說一脈相通。在此，「中」是指不多不少、折衷的狀態；而「庸」則是指普遍、不變的性質。因此，中庸也代表不傾向於一方，折衷於兩個極端之間的態度。

若以西方觀點來解釋，讀者會更容易理解。**中庸並非零和（zero-sum）遊戲，只要一方得利，另一方就一定會有損失；中庸比較接近正和（positive-sum）遊戲，當事人都能得到實質的利益。**

中庸，其實是柔軟的身段

中庸不是一板一眼的中立，也不是單純坐在中央，而是視情況和條件站在「合理」的位置上。簡單說，就是「柔軟的身段」。

就算是海上的船隻，也能夠靠中庸的力量抵禦海浪，堅守在水面上。通常在出航前，會在船艙底部裝入壓艙水，當航行中遇到海浪朝一邊傾斜時，壓艙水就會流到另一邊，讓船身保持平衡。多虧了壓艙水折衷（即中庸而合理地）判斷位置的功能，整艘船才得以順利航行，不致翻覆。

我想，在折衷與協商的過程中，可能有一些前提，那是什麼呢？需要對對方瞭若指掌嗎？那可未必，畢竟兩個不同的人相遇，就好比是兩個截然不同的宇宙起衝突。

衝突是指兩個主體彼此碰撞，會產生摩擦，也會產生糾紛。要對一個和自己想法不一樣的人說出「我能理解你」，在現實生活中確實是很難的。**但在面對糾紛和爭吵時，要是能夠承認並接納「彼此可能不理解對方」的事實，且不採用蔑視的態度來看待這件事，那麼就比較有可能減少誤會。**而且在那一瞬間，內心的某個角落說不定也會萌生試圖理解彼此的念頭。

中庸不是單純坐在中央，
而是視情況和條件站在「合理」的位置上。

06

共餐與共鳴

人際關係的潤滑劑

化解矛盾，從同桌共餐開始

韓國一名媒體記者，曾向世界級談判專家、華頓商學院教授史都華．戴蒙（Stuart Diamond）提問：「教授，大韓民國分成南韓與北韓兩個國家，若是南北韓當局要見面協商，需要注意哪些事項呢？如果想讓談判有結果，又該如何進行呢？」

史都華．戴蒙教授的回答完全出乎記者預料。

「這個嘛，雙方可以經常共進午餐。」

記者睜大眼睛，不可置信地反問：

「什麼？您是說午餐嗎？」

「是的，先進行日常的閒聊，這有助於掌握彼此的協商意圖、提出雙方都有可

化解矛盾，從同桌共餐開始

飯局，正是複雜人際關係的潤滑劑，
這種特殊場合往往能夠
製造與他人產生共鳴的機會。

能採行的方案，像是世界盃足球賽或運動競賽，應該都是不錯的切入話題。等一起吃飯二十次左右以後，自然而然就會稍微瞭解彼此的私領域，之後就可以開始正式協商了。」

戴蒙教授的回答沒有馬上在記者耳裡消散，反而駐留了許久。記者心想，若要解開社會存在的各種矛盾與問題，當事人或許就得先從同桌共餐開始。

共餐，比知識更有力量

有句話不是這麼說的嗎？碩士上面有博士，博士上面還有一個學位，叫做「飯士」。畢竟在公司組織或團體裡，會大方請同事吃飯的人，很容易給人留下貼心、用心的印象。而且，聚餐有時比展現知識來得更有影響力。

當然，我所說的聚餐，並不是毫無生產性或一貫性的團體大會，而是指透過一同用餐的活動，增進情感交流的行為。

所有政治都從餐桌開始

報上的政治版經常出現「餐桌政治」這樣的標語，對政治人物來說，飯局絕非只是單純為了溫飽而攝取食物，反而比較像是奮力射出的利箭，富含政治目的與意義。這也是「所有政治都從餐桌開始」這句話之所以會廣為流傳的原因。

歐巴馬的餐桌政治學

美國前總統歐巴馬，也經常在遇到政治瓶頸時抽出這把尚方寶劍，端出「餐桌政治」這張王牌。二〇一三年三月，美國共和黨與民主黨因為處理預算案，關係對立緊張，雙方對彼此都恨得牙癢癢的。

為了讓預算案達成協議，歐巴馬總統邀請了十二名共和黨議員進入白宮。這些重量級政治人物穿過漫天風雪與堵塞的交通，齊聚一堂共享晚宴。據傳，那頓晚餐是歐巴馬總統自掏腰包付的，他在議員面前親自簽了帳單。

雖然當時政局像外頭的天氣一樣凍結成冰，走出白宮的議員卻個個嘴角上揚，春風滿面，因為在那場飯局上，談出了建設性的對話。

場所，也是溝通的關鍵因素

歐巴馬的餐桌政治不僅抛出了傳遞訊息者（messenger）的態度，還讓我們有了選擇場所與方法的餘地。溝通專家常說：「傳遞訊息者本身便是訊息（message）。」也就是說，儘管沒有傳遞特殊訊息給對方，只要傳遞訊息者的態度與方法得宜，便是有價值的訊息。

在此，我要進一步以「訊息發送地（message spot）便是訊息」，來呼應上述說法。訊息與傳遞訊息的場所，就好比是飯與飯碗的關係，米飯的滋味絕非只靠米與水決定，盛裝在哪種容器裡也是關鍵。

把同樣的米飯盛在不鏽鋼碗裡，和裝在畫有華麗花朵圖案的白色陶瓷碗裡，兩者吃起來的滋味一定大不相同，碗盤也有自己獨特的味道。

訊息也是。展現訊息的空間與時空背景，和訊息本身同樣重要，都是左右訊息傳達與說服力的因素。

用飯局製造與他人共鳴的機會

尤其在東方國家的高語境傳播（high-context culture）社會[2]裡，一旦說話者與聆聽者形成了身處在同一時間與情境的情感共鳴，那麼，在那片土壤上便容易開出「對話」的花朵。**共餐，便是打開關係之門的關鍵鑰匙，透過同桌用餐並為對方夾菜、邀請對方享用等行為，不僅可以直接感受到對方的親切與溫暖，也可以分享日常生活的酸甜苦辣，更能夠自然卸下對彼此的心防。**

飯局其實是公領域與私領域的交會點，人生的重大事件也多半都是在餐桌上促成的。

男女論及婚嫁，雙方家長會約在飯店裡商討婚事，企業與個人也會在飯局上找

[2] 編注：意指東方社會是透過比較微妙的方式來傳遞訊息，而且這些方式已相當程度內化於社會成員的心中。因此東方社會的溝通，並不完全仰賴清楚明確的文字或語言。

尋和解方案或調停糾紛。飯局，正是複雜人際關係的潤滑劑，這種特殊場合往往能夠製造與他人產生共鳴的機會。

你吃飯了沒？

某次我在搭公車時，前座一名中年女子扯著高分貝的嗓音，在和兒子講電話。

「兒子啊！吃飯了嗎？」

「沒，還沒……」

「怎麼還沒吃飯，快去吃！」

每當我在搭乘大眾交通工具時，不小心聽到這樣的對話，都感到無比珍貴，甚至會想要將字與字之間的留白永誌於心，因為「吃」這個字背後，蘊含了許多意義。

為了活下去，人類用餐時會把無數種東西吞進肚子裡，不只吞下白飯、菜餚，還會吞咖啡、酒精飲料，也會忍氣吞聲，就連青春也會在轉瞬之間被時間吞噬。[3]

吃就是「活」，飯即是「天」

因此，和「吃」這個動詞最貼近的單字，或許是「活」。關心孩子是否吃過飯了，也就意味著關心他最近過得好不好。

父母無時無刻不打電話問孩子「吃飯了沒」，或許也是基於同樣的原因。

詩人金芝河在〈飯，即是天〉的詩篇中寫道：

「飯是天，不能獨享，需與人分享。天上的繁星屬於眾人，飯也要與眾人分食。當飯送入口中，等於把天吞進體內。飯，即是天。」

如果你曾經以「下次約吃飯吧」作為電話結尾，不妨現在就拿起電話，打給對方約吃飯吧。

3 譯注：在韓文中，吃飯、喝飲料、忍受謾罵、上了年紀，都可以用「吃」來做動詞，所以作者才會舉這些例子。但因中文不盡然能夠對應，此處改譯成「吞」。

說不定在見面共餐的過程中，日常生活中所承受的那些委屈和辛酸，會像春日裡的白雪般瞬間融化，不僅填飽了肚子，也填飽了心靈。

飯局，
是複雜人際關係的潤滑劑。

第2章

少說少煩惱

人類最深層的情感，
往往埋藏在沉默之中。

07

沉默與停頓

有時，說話也需要停頓

美國總統演說史上最罕見的情景

「我希望美國的民主，能像克莉斯蒂娜想像的一樣美好。我們所有人都應該盡其所能，確保這個國家不辜負孩子們的期望。」

二〇一一年一月十二日，美國總統歐巴馬參加了一場為亞利桑那州圖森市槍擊案受害者所舉行的追悼儀式。

這天的追悼儀式上，出現了美國總統演說史上最罕見的情景，因為當歐巴馬提及槍擊案犧牲者之一的克莉斯蒂娜時，演說突然中斷，台下的聽眾也忍不住竊竊私語。

「出了什麼問題？難道是讀稿機出了問題……？」

歐巴馬的「五十一秒無言演說」

滴答滴答，時間流逝的速度突然變得緩慢，歐巴馬不發一語，重新調整呼吸，呼息間彷彿流露著悲痛與惋惜。

歐巴馬的視線望向虛空，像是在看一處遙不可及、永無止境的空間，他不停眨著眼睛，好似在強忍淚水。

為了壓抑瞬間湧現的悲慟，歐巴馬的演說中斷。他不發一語，深呼吸一口氣，肩膀抬起又重重落下。

經過五十一秒鐘的沉默後，歐巴馬咬緊牙根，繼續發表演說。他的嗓音十分沉重，低迷的氣氛瀰漫在空氣中，緩緩感染著台下每一位聽眾的心靈。

這是一場名副其實的「五十一秒無言演說」。

歐巴馬的失常，為何反而獲得好評？

感染力強、烙印在人心中的話語，往往不容易被遺忘。

那天，歐巴馬總統的演說也深深感動了美國人民的心，當時美國輿論對於歐巴馬總統罕見的失常表現不遺餘力地給予肯定。

《紐約時報雜誌》甚至在當期內容中，做出高度的評價：「歐巴馬是總統，也是兩名女兒的父親，他展現了堅忍的一面。總統不只是在跟美國人民溝通，而是更深刻的交心。這應該是歐巴馬任職總統期間，最戲劇性的一刻。」歐巴馬的演說，究竟為何能獲得如此好評呢？

沉默的價值

在我看來，歐巴馬當時並非奮力在思考如何說話，反而是在適當的時間點，努力收回話語。這一切，都要歸功於他非常熟知沉默的分量與價值。

古今中外，沉默的價值總是受人讚揚。宗教學家馮．許革勒（Friedrich von Hügel）在寫給姪女的信裡就提到，「在偉大的事物面前要選擇沉默，並在沉默的內層培養話語，光靠言語所進行的討論，只會帶來偏頗。」朝鮮時代的文人畫家金逌根則留下，「不發一語也能傳達其意，所以選擇沉默豈會造成問題。我回首過去，發現沉默能在人間免於禍患」的字句。

用沉默作為武器

對叱吒風雲的拿破崙來說，沉默就是兵器。他說話時有濃濃的科西嘉島口音，因此，在大眾面前演說時難以展現他威風凜凜的大將之風。

然而，拿破崙非常瞭解沉默的力量。據說，每當他準備上台在士兵面前演說時，會有延遲發言的習慣。儘管人已經站上講台，他也不會馬上開口，反而會先用他那雙銳利的鷹眼，凝視前方約十秒鐘，這時，士兵們總是會被他的威嚴震懾。

我並不清楚，拿破崙將已經到嘴邊的話語暫且吞回肚裡的那一瞬間，他的內心在想什麼；但也多虧了這段時間的沉默，才得以將威嚴與存在感極大化。

非語言溝通的力量

沉默，也就是「非語言溝通」（non-verbal communication）的力量，著實不容小覷。沉默之中蘊含著許多難以言表的意義與價值，有時甚至比說一百句話的重量還重，同時也是減少說錯話的不二法門。言語是盛裝想法與情感的容器，要是不經思考直接端上談話桌，勢必會引起事端。

言多必失，容易招來煩憂；反之，寡言無患，減少失言，煩惱自然也比較少。若從西方經典名言「雄辯是銀，沉默是金」來看，或許先人的想法不分東西，基本上都有志一同。

讓真情流進沉默的小徑

我們不妨再仔細觀察一下歐巴馬的這場演說。當他停頓五十一秒，不發一語凝視著台下觀眾時，難道只是在調整情緒、努力抑制想哭的衝動？我不認為。歐巴馬一定是熟知沉默的價值，並試圖以此為基礎，進行無言的談話。

沉默之中蘊含著許多
難以言表的意義與價值，
有時甚至比說一百句話的重量還重，
同時也是減少說錯話的不二法門。

歐巴馬在演說過程中不時緊閉雙脣，展露出自己也能夠深切體會罹難者家屬之痛的神情。

他的真情發自內心，走出心房，並流進了名為沉默的小徑，然後再繞呀繞地傳進了參加追悼儀式的賓客心中。

法文單字「vacance」，是休假的意思，源自拉丁語的「vacatio」，有「空蕩蕩」的意思。因此，vacance 並非漫無目的的遊玩，而是要把自己清空，也可以解讀成「真正的休息」，是從那些壓在我們肩膀上沉重的擔子中解脫之意。

同樣的，在我們的言談之間，也需要停頓，講得口沫橫飛、喋喋不休並沒有什麼了不起；講得是否精采、妙語如珠也不是重點。懂得適度停頓、真情流露才是最重要的。

與其說出不成熟的話語，不如選擇沉默。
人類最深層的情感大多來自沉默，而非話語。

08

簡潔與言力

真心話往往藏在簡潔的表達裡

江南大叔的語言魅力

二〇一二年九月十一日上午，歌手PSY上了美國NBC電視台節目《艾倫秀》，一同參與節目錄製的歌手布蘭妮以及主持人艾倫．狄珍妮，正在接受PSY的指導，學習〈江南Style〉這首歌的舞步。原本跟著學舞的艾倫，突然指著布蘭妮腳踩的恨天高問道：

「請問，穿著這麼高的高跟鞋，也可以跳嗎？」

頓時，所有觀眾的視線都聚集到了PSY身上。PSY當下聳聳肩回答：

「當然，就是要穿得貴氣、跳得俗氣。」（Dress is classy, dance is cheesy.）

PSY的這番言論通過了簡潔和機智的隧道，從他的嘴裡鑽了出來。瞬間，歡呼聲四起，掌聲如雷。

「是啊！」

「好！好啊！」

現場氣氛瞬間被炒熱，PSY穿梭在舞台與觀眾席間，在錄影現場魅力四射，觀眾紛紛起立鼓掌，並隨著〈江南Style〉的音樂節奏搖擺，PSY的舞步與話語徹底撼動了觀眾，這天的節目也成為宣傳PSY明星魅力的最佳契機。

「好懂」與「創意」的說話原則

我發現，有兩個很重要的密碼，貫穿PSY的語法，那就是：普遍性和差異性。

其實，PSY說的話（話題或素材）並不全然新穎奇特，他會用連小朋友都懂的表達方式開啟話題，然後再用相對具有創意的話語為談話增添趣味。

如果把PSY構思的那段話拆解成短句，那就是「穿得貴氣」和「跳得俗氣」這兩句話。

要是單獨唸這兩句話，你可能會覺得似曾相識，好像在哪裡聽過，平凡無奇；但也因為平凡，所以任何人聽到都能馬上意會。而當這兩句話被ＰＳＹ放在一起時，則搖身一變，成了時下流行語。

「衣服要穿得貴氣，跳舞要跳得俗氣。」

這副聯句出乎意料、又巧妙至極，大家一聽，自然拍案叫絕。ＰＳＹ的話語中，洋溢著令人耳目一新的驚喜。

藏在話語中的出其不意，能夠徹底去除談話中的無聊感。出其不意就是差異性，而差異性能有效提高聽眾的關注。

不多話，「言力」反而加倍

ＰＳＹ的說話方式也很值得注意，平時透過電視所看到的ＰＳＹ，其實是個話不多的藝人，與外表散發的氣質大相逕庭。比起其他來賓，他的說話次數明顯少很多，正因為他的話語充滿巧思與深度，加上平時不多話，所以他的「言力」（即言語的力量）自然也勝過其他人。

ＰＳＹ說話的速度並不快，如果在記者會現場觀察他的應對，便會發現他的說話速度相對緩慢，感覺像是在細細咀嚼韓文的子音與母音般，謹慎發言。

此外，他不會長篇大論地述說自己的看法，比起複合句，他更擅長用短句來有效表達自己的想法。簡言之，就是「短短益善語法」，也就是話說得越簡短越好。

ＰＳＹ簡潔有力的說話方式，正好切合觀眾的口味，大眾的情緒很容易被這類型的言語感染。

反之，有些人在公開場合上卻剛好與ＰＳＹ相反，只要一拿到麥克風，就會迫不及待發揮專業精神，想要從頭到尾一次說個清楚；他們說話無法收尾，不斷迷失在自己的發言裡，徘徊在交談的邊界，端出各種修辭與理論，一而再、再而三地重複類似的言論，似乎找不到結束話題的出口。

因為他們相信，話要說得夠多、夠長，對自己才有利，也可稱為「多多益善語法」。

然而，態度輕佻的發言和繁雜瑣碎的叨唸，反而容易引來反效果。

人類的專注力是有限的，有些語言學家主張，一般成人的專注力最長只有十八分鐘，也就是說，如果持續超過十八分鐘都是單方面在傳遞訊息，那麼，不論內容多麼精良，也不會有人願意耐著性子聽完。這和小說家馬克．吐溫說的「說教超過二十分鐘，連罪人都會選擇放棄被救贖」，是同樣的道理。

廢話缺乏密度，左耳進右耳出

有種談話乍聽之下頗有道理、但仔細聆聽便會發現廢話連篇，這類談話便叫做「TBU」（true but useless）。也就是說，看似講得頭頭是道，但其實整段話裡沒什麼值得聽取的內容。

光有空殼沒有果實的語句極其乏味，訊息傳遞很可能會與發言者當初的意圖背道而馳，聽眾也很容易感到枯燥沉悶或模糊不解。

正因為這種話語缺乏密度，一傳進聽眾的耳朵時，便會瞬間粉碎，無法深植人心。

有種談話乍聽之下頗有道理、
但仔細聆聽便會發現廢話連篇。
這種話語缺乏密度，
一傳進聽眾的耳朵時，
便會瞬間粉碎，無法深植人心。

懂得閉口藏舌

更大的問題是，當你自顧自滔滔不絕時，很容易不小心說出不該說的話，甚至惹禍上身。

唐朝宰相馮道在〈舌詩〉中就寫道：「口是禍之門，舌是斬身刀。」嘴巴是招來災殃的大門，舌頭則是會砍傷身體的刀。因此，要懂得閉口藏舌。馮道侍奉過十一位皇帝，自唐末政治混亂期開始，至五代十國為止，不論怎麼改朝換代，都能身居高位，他所說的這番言論，自然輕忽不得。

話語貴精不貴多

其實人活到一定年紀會發現，人們的真心與內心話往往夾雜在簡潔的表達裡，只要把想法和感受井然有序地說出來，就不必在意話語的多寡。

這讓我想起不久前，在手工漢堡店裡深刻感受到說話務必要簡潔的經驗。當時，一名年約三十五的男子正在櫃檯點餐，他在服務生面前提出了十分刁鑽的條件。

「我覺得煎漢堡肉的時間長短會徹底影響口感，煎太久肉汁很容易流失，但也不要給我隨便煎一下就拿起來，不然咬起來軟軟爛爛的也不是很好。啊，對了，還有就是……」

男子好像絲毫不在乎後面還有長長人龍在等著排隊點餐，他的表達方式講好聽點是委婉含蓄，說難聽點就是愚昧無知。

他的言辭既冗長又粗糙，令我聯想到不知名的野獸在荒蕪的草原上奔馳，塵土飛揚。

服務生的臉瞬間垮了下來，那名男子身後的人龍中，有一名顧客終於忍不住，語帶不耐地說了一聲：「麻煩快一點好嗎?!」

好不容易幫男子點完餐後，接下來輪到我了。服務生滿面愁容，一臉寫著：「要是這傢伙也很難搞怎麼辦？」他小心翼翼開口向我問道：

「您好，您的漢堡肉想要怎麼煎呢？有特殊需求嗎？」

我當下一秒鐘都沒遲疑，以短短益善的語法答道：

「請幫我煎到五分熟就好。」

人們的真心與內心話往往夾雜在簡潔的表達裡，
只要把想法和感受井然有序地說出來，就不必在意話語的多寡。

話語往往會呼應現實

話語反映了信念

威爾・史密斯（Will Smith）主演的電影《當幸福來敲門》，故事是從一名販售醫療器材的商人——克里斯・加德納破產開始。

一夕之間，他的汽車被拖吊，還被房東趕出租屋處，只因他一台機器都賣不出去，拿不出錢支付這些費用。他一臉茫然，魂不守舍望了望空蕩蕩的房屋；接著打開錢包，數著身上僅剩的零錢，只有二十一美元又三十三分。然而，他對明日依舊充滿希望，從未想過要放棄。

「我只是個流浪漢（homeless），還不是個沒希望的人（hopeless）。」

後來，在一次因緣際會下，克里斯接到了投資公司的實習面試通知，到了面試當天，他氣喘吁吁趕到面試現場。面試官一見到他，便面露錯愕。

原來，克里斯前一晚睡在流浪漢收容所，根本沒法打理服裝，只穿了白色汗衫就跑去面試！

「老兄，我們換個立場想想吧。」

「是，請說。」

「如果今天你是面試官，見到面試者連襯衫都沒穿，邋遢地出現在面試會場上，你會對他說什麼？」

「這個嘛……」

「如果我雇用了穿汗衫來面試的人，之後又該怎麼向公司交代呢？」

「怎麼交代？很簡單啊！我會說：『那小子雖然沒穿襯衫，但他穿的褲子一定很帥。』」

在克里斯心中蠢蠢欲動的這句話，終於從他的口中竄出，長驅直入面試官的耳朵與內心，對他留下深刻的印象。原本沒條件與人競爭的他，卻因為一句話而收到錄取通知。他和兒子在流浪漢收容所與公廁裡生活，仍舊懷抱著成為股票經紀

有時，我們會因為某人的一句肯定，
使你嘴角上揚，心情愉悅。
我們說出口的話語是非常奧妙的，
宛如一塊磁鐵，
會依照話中的氛圍，招來相對應的事物。

人的夢想，甚至夢想著有一天，自己的名字成為家喻戶曉的品牌。

氣場會以種子的型態，藏在言語之中

有時，我們確實會經歷上述情境，因為某人的一句肯定（正向表述），使你嘴角上揚，心情愉悅。我相信，話語中一定帶有某種氣場，那股氣場會先以種子的型態藏在言語之中，有朝一日便會成長茁壯，結出屬於自己的果實。

我們說出口的話語是非常奧妙的，宛如一塊磁鐵，會依照話中的氛圍，招來相對應的事物。沒有人能輕易脫離自己的話語磁場。雖然你說的每一句話不一定都會變成現實，但絕對會與現實相呼應。

比方說，倘若你的語氣裡總是充滿憂慮，就必定會招來意外之災；若你的言談總是詼諧幽默，便自然會受人矚目。甚至言談中若充滿夢想，各種機會也會自動找上門；要是充滿著愛意，有朝一日也一定會讓你遇見真命天子。

經常使用肯定句的人，共存指數較高

反之，有研究證實，經常述說負面話語的悲觀論者和厭世主義者，也容易使自己不知不覺陷入孤立無援的人際關係中。

有個名詞，叫做「共存指數」（NQ，Network Quotient），意指「與他人共同生存的能力」。有趣的是，這項共存指數與智能商數（IQ，Intelligence Quotient）毫無關係，儘管智商非常高，只要平時不是正向表述的人，共存指數也會非常低；而經常使用肯定句、親和力高的人，共存指數則較高。

這讓我想到《論語》〈子路〉篇裡，孔子與楚國沈諸梁——葉公的談話。

葉公是一名軍事家、政治家。好不容易見到孔子的他，向孔子請教了治國方針。

葉公問政。子曰：「近者悅，遠者來。」

意思是，「使近處的人高興，遠處的人自然歸附。」

孔子的這席話，徹底顛覆了葉公過去的思維，再次點醒了我們該如何與人相處，以及如何與人交談。

嘴脣，會記憶說過的話語痕跡

平時我們會在各種場合與形形色色的人交談，雖然多數都是友善的，但也不乏總是語帶惡意、酸言酸語，內心充斥著不滿與憤怒的人。

當你聽到一句宛如斧頭般朝你心中狠狠劈來的話，不妨回想自己是否也用過類似的傷人話語攻擊過別人，並請你偷偷注意對方說話時的雙脣。

因為，據說人類的嘴脣會記憶他最後所說過的單字嘴型，這其實是很可怕的一件事，表示我的嘴脣上會殘留我所說過的話語痕跡。

話語的生成與消失，是一股氣體由肺而上，沿著喉嚨與舌根抵達口腔，再趁著嘴脣張開閉合之際，衝出嘴巴外的一連串過程。話語，等於是我們吸入的空氣在體內產生奇妙的波動與共鳴，並藉由嗓音而誕生。

或許我們都需要經常按住胸口，捫心自問，那些脫口而出的每一句話、寫出的每個句子是否恰當，是否清楚直率和無禮之間的界線，以及是否運用「說話」這個樂器演奏出美妙的音樂，還是只將它當成銳利的武器，用來攻擊他人……

我們說出口的話宛如一塊磁鐵，會依照話中的氛圍，招來相對應的事物。沒有人能輕易脫離自己的話語磁場。

10

鈍感與復原

不受他人話語影響，堅持自己的信念

被話語砍傷的傷口，一輩子都難以痊癒

精神分析學派創始人佛洛伊德（Sigmund Freud），曾經治療過一名患者，故事是這樣的：一名住在澳洲的女孩，有個極度迷信的奶奶，經常對孫女說：「妳的出生就是個錯誤，妳應該是個男孩才對，而且妳活不過二十歲！」

女孩感到十分錯愕，奶奶說的這番話，深深烙印在她內心深處。女孩長大後，經常覺得疼痛難耐，儘管她哀號著自己的身體像是快要被四分五裂了，醫師們卻依舊找不出病因。

幾天後，她找上了佛洛伊德博士。他重新檢視了女孩的精神狀況，說道：

「我想醫療團隊的診斷是對的，妳的身體狀況非常良好，只是小時候深受奶奶

「被刀砍傷的傷口很快會癒合，
然而，被話語砍傷的傷口，
一輩子都難以痊癒。」。
千萬不要把自己囚禁在別人說的話裡，
掙脫話語的牢籠吧。

的負面話語影響，所以才會感到疼痛。千萬不要把自己囚禁在別人說的話裡，請妳掙脫話語的牢籠吧。」

鈍感力，讓人活下去的動力

不論古今中外，都流傳著一句話：「被刀砍傷的傷口很快會癒合，然而，被話語砍傷的傷口，一輩子都難以痊癒。」這句話也近乎真理。

這是個令人窒息的世界，來自四面八方的尖銳話語不斷劃傷我們的心，在這雜亂無章的世界裡，拚命掙扎奮鬥，到頭來，我們不禁要問：當尖銳無比的話語瞄準我們的時候，究竟該敏銳以對，還是對外在刺激保持鈍感、無動於衷？

著名小說《失樂園》作者渡邊淳一曾建議，有這種煩惱的人，「應該要具備鈍感力。」渡邊淳一表示，「鈍感力」能成為一個人活下去的動力，這個詞由「鈍感」和力量的「力」字組合而成。

「我不是要你活得像熊一樣遲鈍，而是要對自己是否過度敏感這件事有自覺，並且適當地以鈍感來應對，畢竟你還是要過回自己的人生。鈍感力不是少根筋，反而比較接近復原力。」

鈍感力與厚黑學

我們從東方的馬基維利主義——也就是「厚黑學」中，也可以看到類似的概念。清末民初思想家李宗吾在《厚黑學》中寫到：「平定亂世的英雄豪傑都有個共同特徵，就是『厚』和『黑』。」

在這裡，「厚」是指臉皮要比別人厚，才不會被人察覺自己的內心；「黑」則是指黑如煤炭，意思是城府要夠深、夠黑，才不會被人摸透。

有些人將厚黑學解讀成「厚臉皮」，但是近年來，研究這門學問的學者認為，這是某種「帶有遲鈍情感的力量」，或「不過度敏感、能夠策畫大事的力量」，恰好與渡邊淳一的建議脈絡相通。

「復原力」（resilience），意味著克服挫折感的耐心或力量，在意義上和鈍感力有著微妙的重疊。

不因他人的話語輕易影響自己的心情，不因他人的輕言斥責而倍感挫折，親身實踐自己的信念與人生哲學，這種看待人生的世界觀與力量，便是鈍感力。

木雞的故事

翻開《莊子》的〈達生〉篇，會看到「木雞」的故事。

沉迷於鬥雞的齊王下令：

「替我找一隻世上最勇猛的鬥雞。」

幾個月後，飼主指著一隻慢悠悠走在庭院裡的雞，說道：

「大王，您要找的天下無敵雞，正是這隻。」

齊王不可置信地揉了揉眼睛，再次望向飼主所指的那隻雞，外觀看起來毫不起眼，骨瘦如柴，也不像其他雞那樣揮動著翅膀，只是原地不動、抬頭挺胸望著前方。

滿心失望的齊王質問道：

「牠就像一根褪色泛黃的木頭！這樣的雞怎麼可能天下無敵？」

「那隻雞外表看起來雖然不怎麼樣，卻有過人之處。不管遇到多壯碩的雞對牠叫囂攻擊，牠的心神依舊安定如常，其他雞看到牠都嚇跑了，根本就是不戰而勝。」

說話保持鈍感力，保有自我又不傷人

如今，已是凡事靠速度取勝的時代，說話自然也不例外，許多人將對談時能否即時回話，視為生存的必要條件。

然而，我反而是和近似於「木雞」的人交談時，更能夠感受到莫大的喜悅。**因為他們往往堅持著適度的自我主張，說話卻又比別人來得委婉。**

宛如流水般溫柔，讓人舒服暢談

不主動採取攻擊姿態，舒服地與人暢談，這種人所說的話就像是流水，潺潺地

流動著，提供乾涸的對話一些水分，也能讓沸騰的情緒冷卻下來。該怎麼說呢……就像是在言行舉止間，保有水氣嗎？他們所說的話很容易流進我耳裡，他們所做的行為也極容易映入我的眼簾。

鍛鍊善意的鈍感力，按自己的節奏慢慢回應

我們從武俠電影裡常常會看到，真正的高手往往沉默寡言，沒什麼本事的則往往聒噪不堪。後者發現敵人時，會毫不遲疑與對方短兵相接，顯得有點反應過度（也就是前文說的，過度敏感），進攻也不是很準確，很容易就提前耗盡體力，屢戰屢敗。

劍要收在劍鞘內才最威嚴，輕易拔出的刀劍反而沒什麼威力，因為劍的大小與銳利度早已攤在陽光下，被人看得一清二楚。

同樣的，說話也是一樣，唯有在保持適度鈍感力的基礎下，游刃有餘地應對，說出口的話語才具備品格，言力也會加倍。雖然這個世界對我們並不友善，但生

活總是得過下去。如果想要回歸日常、想要和因為小事而傷了感情的人們再次談心相聚，我們就不得不重新開始某些事。

這年頭，除了自己以外，一切都是以迅雷不及掩耳的速度在運轉，但是我們總不可能為了追上那個速度而永不停歇地追逐。

或許，在人生中某個時間點，我們需要停下腳步，按照自己的節奏慢慢反應。我們正處在一個迫切需要「善意的鈍感力」的時代。

鈍感力不是少根筋，反而比較接近復原力。
這是一種不過度敏感、能夠策畫大事的力量。

11

視線與換位

站在對方的立場，考慮對方的需求

巷子裡的小小蜘蛛人

我在我家附近目睹過一場奇特景象。傍晚時分，夜幕漸漸低垂，一名年約六、七歲的小男孩，身穿蜘蛛人裝穿梭在巷弄間，那是當時孩童間流行的裝扮。

他一身鮮紅色緊身衣，上頭畫有黑色蜘蛛網，模仿著蜘蛛人發射蜘蛛網的動作。他伸出右手腕內側，朝四處高喊：「喝啊！」小男孩的嬉鬧聲占據了整條巷子，這與我小時候披著紅色斗篷，從甕上跳下來，高喊「我是超人！」有異曲同工之妙。

當時正是吃晚餐的時間，這個小男孩卻還在車來車往的狹窄巷弄中玩得忘我，我忍不住觀察了一下男孩母親的說話口吻，她到底會用什麼方式誘導孩子回家。

我想，大多數父母都會以直線式的命令型語句高喊：「不要玩了，快點回來！」

或者以曲線式的請託型語句好言相勸：「餓不餓啊？要不要吃晚餐？」

然而，這名男孩的母親竟出動了全然不同的語句。她用比兒子還要宏亮的嗓音，高喊著：

「蜘蛛人！你要是亂射蜘蛛網可能會傷到別人喔！小心不要鬧出人命，任務達成後，記得平安歸隊！」

善用「換位思考」的聰明母親

她的嗓音和動作，宛如明星投入電影角色般，演得活靈活現，孩子則像是在和母親對戲一樣，自然地回答：「好的，收到！馬上歸隊，over！」

瞬間，我內心暗暗讚歎，這豈不是完美應用了「換位思考」的實例嗎？那些育兒專家經常強調的因材施教實例，沒想到不是在嚴肅的研討會上，而是在住處附近的巷弄內親眼目睹……

那天傍晚，我彷彿在出其不意的地方撞見了傳說中的武林高手，喜出望外。

站在對方的立場思考

「易地思之。」

就像是字面上說的，換個立場思考的意思。異地思之，源自《孟子》〈離婁〉篇裡的「易地則皆然」，也就是「要是我和你處在同樣的處境，我也會那麼做」的意思。

雖然換位思考是溝通的前提，但不可否認的是，這不如想像中那麼容易實踐。放眼望去，其實我們身邊充斥著表面上高喊「換位思考」，實則精心布局、把對方逼向死境的人。對那些人來說，換位思考只是一片好用的布幕，用來掩飾他們內心的險惡罷了。

地鐵裡的母子對話

不久前，我剛好有個機會可以細細咀嚼換位思考的真義。寫作時，我往往會將「左右逢源」這句話牢記在心，它可以解釋為「周遭發生的所有事件與現象，都會是學問修養的泉源」。

在我看來，包羅萬象的事物統統都是學習的資源，我們根本不需要從遙遠的地方尋找真理，只要耐心凝視四周，某個瞬間便會自然發覺。

下班的通勤路上，我坐在首爾地鐵三號線車廂裡，目光不自覺被一對母子吸引。一名白髮蒼蒼的老母親不停詢問著年約三、四十歲的兒子：「欸，我們到哪一站啦？」

下一站，過去的風景

母親瞇著眼睛望向兒子，她的眼眸混濁無神，彷彿是在回想再也回不去的某個片段，乍看之下也很像是得了阿茲海默症的老人。

面對老母親接二連三的提問，兒子終於開口回答。他面帶笑容，以注視新生兒般的眼神，含情脈脈看著年邁的母親。

「媽，我們好像已經快要到碌磻站了。對了，您還記得嗎？小時候每次只要和

轉換觀點，看見過去從未發現的風景。
當然，要轉換觀點並不容易，
人生充斥著本位思考，
不過我們依舊需要嘗試。

您一起搭公車，我就會一直問我們到哪一站了，那時候您都會不厭其煩地回答我十次、二十次，這些，明明都像是不久前才發生的事……」

「……」

母親不發一語，只是莞爾一笑。雖然那位母親看起來並不全然理解兒子的意思，但是她卻以彷彿什麼都知道的眼神看著兒子，並緩緩點頭。面對宛如大海般遼闊透明的笑容，兒子只有微笑以對。

他的微笑看起來不是發自內心，比較像是為了把即將落下的斗大淚珠逼回眼中而強顏歡笑。中年男子的說話嗓音夾雜著悲傷哽咽的氣息。

兒時的記憶與現在重疊交錯

我下了車廂走出地鐵站，反覆思考那對母子的談話內容，這樣的光景或許對其他人來說並不陌生，對我來說卻十分特殊。

我猜想，男子應該是從母親不停追問地鐵到哪一站的行為，看見了過去兒時同樣對公車站名充滿好奇的自己。

當男子的記憶與母親的行為交疊的那一瞬間，兩人之間的心理距離便跨越了時空，變得更加緊密。我相信，男子能夠從頭到尾不顯露一絲不耐、笑著回答母親的提問，一定也是基於這樣的理由。

當那對母子的談話鑽入我耳中、彌留在我胸口時，我馬上想到「易地思之」，不，應該說當下除了這句成語以外，我找不到更貼切的形容。這位兒子的行為，不就正好展現了易地思之的精髓嗎？

轉換觀點，看見過去從未發現的風景

若要設身處地為人著想，就必須暫時跳脫自己的立場，試著走進對方所處的時空背景，稍微以不一樣的角度來看問題，也就是要拋開過去的既有觀點，嘗試「觀點轉換」（perspective taking）。

當然，要轉換觀點並不容易，人生充斥著本位思考，不過我們依舊需要嘗試。

由於一下子突然轉換觀點太難，所以我們不妨試著從轉移核心觀點開始，慢慢試著站在他人的立場，這樣才能夠用心而非用眼睛看事情，捕捉到難以用數值量化的事物。

若以全新的角度，以及易地思之的心態來轉換觀點，或許就會看見截然不同的風景。不，更精確地說，應該會看見過去自己從未發覺的部分。

轉移核心觀點，試著站在他人的立場，
用心而非用眼睛看事情。

12

閒話與反撲

說出口的話，必定會再回來

網路上的惡意留言

「這人是瘋了嗎？怎麼能毫不猶豫打出這種留言……」

有時看見網友在部落格或社群網站上的留言，會令我感到無比驚訝。尤其是看到那些躲在電腦螢幕後面、整日到處留言攻擊他人的人，他們所寫出來的文字已經迷失了方向，流離失所，徘徊在虛空之中，不免令人感到有些難過。

攻擊別人，是因為渴望被讚美

當一個人想盡辦法找出對方的缺點時，其實也佐證了自己內心的匱乏，這是一件令人不捨的事情。不懂得讚美他人卻渴望被讚美，不懂得體貼他人卻渴望獲得尊重，不懂得愛人卻渴望被愛，何其哀傷？

而與惡意留言誕生背景相似的，正是「閒話」。關於閒話一詞的由來，眾說紛紜。有人說韓文的「閒話」來自相同發音的撞球用語[4]，也有人認為是由韓文的「背後」與「談話」組合而成。

有趣的是，如果在韓國的標準國語大辭典網站上搜尋「閒話」，會發現查無資料。也就是說，儘管這個詞在日常生活中早已廣泛被使用，但是韓國國語辭典裡尚未正式收錄。

說閒話的職場文化

儘管如此，不可否認，一提到「職場」，「閒話」（八卦）就會是第一個令人

4 譯注：指原本鎖定的A球被打出去以後撞到B球，導致B球進洞的情形。

攻擊別人，
是因為渴望被讚美。

聯想到的詞。我們往往會為了排解工作壓力及人際關係中的不滿，暗地說著某人的閒話，彷彿要將他定罪。

不論是第一個開砲的第一階段加害者，還是後來跟著一起口沫橫飛附和謾罵的幫凶，都會在脫口而出那些卑鄙話語時，感受到奇妙的快感。

閒話就像寶特瓶，無法回收難以消滅

道人長短的話語，通常會伴隨著「我只跟你說」或「我本來不想說」等語句，快速傳播。

問題在於，那些閒言閒語有著永不消失的靈魂，會一直存在於世。

閒話不會有滅絕的一天，

也不會隨著歲月風化殆盡。

閒話會不斷複製、擴充

閒話會隨著人們的嘴巴傳來傳去，傳進組織內部大嘴巴的耳裡。不，正確來說，是快速「滲入」那個人的雙唇和翩翩舞動的舌頭。

然而最終，那些話又會輾轉傳回被害人的耳裡。

就連閒言與閒語交疊而出的雜音，也會被如實傳送。

話語的反作用力

世上所有的力量都有反作用力，對外釋出力量的同時，也會對內產生相同的力道。

言語的力量也一樣，要是沒有拿捏好說話或遣詞用字的分寸，一夕之間斷送前程或墜入萬丈深淵的例子比比皆是。

你說過的每一句都會回到你身上

我深信，人類說出口的話語，必定會再回來，就像是逆游而上的鮭魚，潛意識會想要回到出生地。

從人類口中誕生的話語，在脫口而出的那一瞬間，不會立刻消散，而是繞完一圈以後，回到我們的耳朵和身體裡。

日本知名心理學家澀谷昌三[5]認為，喜歡貶低他人的人，其實內心是渴望被人稱讚的。

他們往往想要獲得別人的認可，承認他的地位高人一等，但現實卻不如意，所以才會藉由說人閒話來貶低他人、拉抬自己，這麼做心裡才會感到舒坦。

5 編注：著有《圖解心理學》等書。

你的話就代表你的人品

「言」，就是話語，這個字寓意深遠，可以拆解成「思考兩次以後再開口，才會成為話語」的意思。正如同人有人品，每個人所說的話也有品格，那便是「言品」。

閒話在我們的人生中會引發多大的風波，不得而知，唯一可以確定的是，閒話會像利劍一樣，以駭人的速度穿梭在人與人的口耳之間，最終一定會改變方向，朝一開始道人長短的人的耳朵、舌頭與心靈直衝而去。屆時再來後悔莫及便為時已晚，因為那根利劍早就被磨得更加鋒利了。

說出口的話語，
必定會再回來。

第3章

言語即心聲

一個人散發的特有氣息，
是來自他的談吐。

13

人香與言品

無心的一句話，會顯現出一個人的人品

咖啡廳的日常

平時，我都是在咖啡廳裡寫作，以白噪音與咖啡為寫作燃料。寫著寫著，我便不自覺觀察起筆電外正在上演的各種芝麻瑣事，不經意間甚至還會聽見店員和顧客之間的談話。

出言不遜的奧客

幾年前的夏天，我走進了位於辦公室附近的小咖啡廳，一名年約四十歲出頭的男子正在點餐。店員親切有禮地問道：

「先生，想喝冰咖啡還是熱咖啡呢？」

然而，男子的反應卻不太尋常，不，應該說是不文明。男子說出口的名詞與動詞，以及夾雜著的語助詞，都帶有滿滿的敵意與攻擊性。

「你這人在問什麼問題啊，當然是冰咖啡啊！要是你會在這大熱天裡點熱咖啡嗎？嘖，真是！」

粗暴的奧客語言

男子脫口而出的那一長串句子，絕非偶然。那些話感覺像是長期被壓抑在身體與精神裡、宛如被關在牢裡的囚犯，趁著張口的那一瞬間爭相逃逸。

男子說的這番話，其實某種程度上可算是「奧客語言」，也就是充斥著認為「花錢就是大爺，可以肆意妄為」的意識，幾近言語暴力的程度。瞬間，那名店員的臉色不再明朗。

男子接過冰咖啡後，走出店外，這時，店員以充滿無奈、哀怨的表情，「唉」

地嘆了一口氣。

那口氣嘆得又深又長，似乎能夠籠罩整座咖啡廳，店員的內心一隅也彷彿變得幽暗無光。不禁讓我也想要跟著嘆氣。或許是還沒重整好心情，店員的視線依舊飄盪在虛空之中。我偷偷觀察店員的神情，讓他無法察覺我在看他，我的腦海中也浮現了無厘頭的想像。

「要是剛才那名男子是在法國的一間咖啡廳裡點咖啡，他得花多少錢買那杯咖啡呢？」

用「言品」決定咖啡的價格

我想，他可能要花近三百元才能買到那杯咖啡。當然，這個價格以一杯咖啡來說非常昂貴，但背後可是有原因的，因為法國那間咖啡廳會向無禮的客人收取更高的金額作為代價。以下是那間咖啡廳的菜單上所寫的標語，翻譯如下：

無心的一句話，
會顯現出一個人的人品。
因為自己所說的話
對某人來說很可能是一朵鮮花，
也可能是一支利箭。

◎「咖啡。」⇩七歐元

◎「我要咖啡。」⇩四．二五歐元

◎「您好，請給我一杯咖啡。」⇩一．四〇歐元

雖然看似無情，但這豈不是突發奇想的好點子嗎？依照顧客選購咖啡時所展現的「言品」，來決定飲料的價格。

說話粗魯無禮，是因為缺乏修養

和李德懋、朴齊家同為朝鮮後期最具代表性的文人成大中，就曾在記錄當代風俗民情的《傾城雜記》中寫道：「內不足者，其辭煩，心無主者，其辭荒。」即「缺乏內在修養的人，其言辭繁多而雜亂，而內心無主的人，其言辭粗糙荒蕪」的意思。

你說的每一句話，都代表你的人品

我們所說的每句話和寫的每個字，都蘊含著人品。透過無心的一句話，會顯現出一個人的人品，言語即品行；換言之，一個人的發言和聆聽，其實都是按照他個人的品行來呈現，都展現了這個人的人品。

意指水準、等級的「品」，字形結構十分有趣，是由三個口組成；**也就是說，我們所說的話，會堆砌出一個人的人品。我們每一個人獨有的「味道」，也就是代表人品的「人香」，都會從我們構思的話語中流露。**

像言語一樣兩極化的事物，也相當少見，因為自己所說的話對某人來說很可能是一朵鮮花，也可能是一支利箭。

如果不想因為說錯話而吃虧，那麼，當心底的那些難聽話語在醞釀沸騰時，記得一定要緊緊閉上嘴巴，審慎決定是否真要說出口。

一句話雖然是從一個人的口中說出，卻會傳進一千人的耳中，最終轉移至萬人的嘴裡。

14 言行與信賴

言與行之間的距離

話語與信賴的關係

「信」的意思是信賴，其實背後藏著深奧的含義，意思是：人要遵守自己說過的話，才能獲得信賴。

九一一事件的危機處理

在一次因緣際會下，讓我重新思考關於言語與信賴之間的關係。二〇〇一年九月十一日，世界各國的電視台都在轉播紐約曼哈頓世貿中心大樓倒塌的畫面。

現場宛如戰場，一片凌亂，鏡頭在拍攝傷者與救難隊員時，那些劇烈晃動的畫面，如實傳遞著現場的急迫與不安。

兩棟高聳的大樓被黑煙吞噬，大樓裡的人倉皇竄逃，傷者的手臂與雙腿血流不止。天色漸暗，悲鳴與黑暗壟罩著整座都市。

當時的紐約市長魯迪・朱利安尼（Rudy Giuliani）也不時出現在新聞畫面中。他那時正與癌症病魔搏鬥，但在得知這起恐怖攻擊事件後，二話不說，立即親自到場指揮坐鎮。當時救難隊員站在市長面前，氣喘吁吁地說：

「市長，您還是趕快躲到安全的地方吧，再過去就很危險了。」

當下市長脫下了防塵口罩，大吼道：

「你叫我躲到安全的地方？我沒事！把大家往北疏散！先把北邊的道路通出來！」

他的嗓音震天價響，像是透過擴音器增大般宏亮，傳遍四周，難以估計話音將觸及何處。

朱利安尼市長沒有只用言語來督促救援，「先把北邊的道路通出來！」當這句吶喊聲透過電視台轉播、宛如回音般散布到街頭時，他早已頭也不回地和救難人員一起走進殘破不堪的災難現場，不見蹤影。

掌握危機的本質，迅速下達指令

幾天後，朱利安尼市長因連日出入災區、灰頭土臉地站上了講台，他一語不發望向虛空，接著以顫抖的嗓音緩緩開口致詞。他的聲音清楚堅定卻不尖銳刺耳，音調高亢卻不輕浮，速度緩慢卻不遲鈍。

「明日，紐約市依舊會在這裡，我們會證明，恐怖分子無法阻止我們繼續前進。」

在這場危機處理過程中，朱利安尼市長所展現的領導力，獲得了紐約市民的認可與讚揚，紐約全市都非常信賴這位市長，人們相當堅強，從悲哀與傷痛中走了出來，這段過程歷時並不長。

身為領導者所說的話，不僅要呈直線強而有力，同時也要呈曲線綿言細語；有時要熟稔地把該刪減的部分削除掉，有時則要溫柔地將需要被安慰的對象層層包裹，擁入懷中。

面對慘絕人寰的災情，領導者更應該透徹掌握危機的本質，堅定且充滿毅力地迅速下達指令才行。

說話懇切簡潔，言行一致

從這些面向來看，朱利安尼市長的發言可謂正中民心，他不打高空，以懇切簡潔的話語穩住了混亂的局面。最重要的是，他言行一致，如果以我們小學時學過的美術技法來比喻，就像是印花轉印畫（Decalcomanie），在畫紙的半邊塗上染料後，將畫紙對摺，另一半也就會印上一模一樣的顏色及圖案。朱利安尼市長的言行就像是印花轉印畫，兩者一模一樣，分毫不差。

言行一致，才會產生溫度，在對方心中發酵

話語與行為之間的關係十分奧妙，兩者密不可分。**行為是證明言語的手段，話**

言行一致的人，
就像是印花轉印畫（Decalcomanie），
在畫紙的半邊塗上染料後，
將畫紙對摺，
另一半也就會印上一模一樣的顏色及圖案。

語則要呼應行為，才會產生溫度。

唯有在言行一致時，人的言行才會獲得強韌的生命力，更廣泛且深層地在對方心中發酵。

透過行為，判讀對方話語的真實性

這個說法其實是有科學根據的，因為人類會透過五感接收外在的資訊，而這些資訊當中有將近百分之八十是來自視覺，所以溝通時亦是如此。與人交談時，我們並不會單純只專注於聽覺，而是會積極接收對方所展現的視覺資訊，並透過這些訊息來判讀對方。

在這段過程中，對方的言語與行為自然會被我們拿來比較、對照，這也是為什麼我們所構思的言行，必須要合而為一的原因。

言行是無法切割的

孔子很久以前便談及此事的重要性，在《論語》〈為政〉篇裡就寫道：「先行其言，而後從之。」

意思就是說，先將要說的事情做出來，然後再說。等於是在強調言行之間不能有差距。

這剛好和雅號「島山」的安昌浩先生提出的「務實力行」思想相符，「務實」是指講究實際，把力氣用在對的地方，「力行」則是指忠於當下、不拖延的意思，務實力行同樣強調付諸行動的重要性，不禁令人聯想到知名運動品牌的廣告文案「Just do it!」。

由此可見，至少在韓國和中國等東方文化裡，言行一致是普遍的價值觀。言行一致的人，往往會受大眾推崇。然而，要是兩者之間的差距過大，不論古今，在生活和人際關係裡都會很不利，而且會被貼上只會油嘴滑舌、耍嘴皮子的「言行不一族」標籤。從口中說出的話語和身體採取的實際行動，兩者根本無法切割，就像是食物和醬汁的關係。

要是在料理食物的過程中添加適當的醬汁，美味程度絕對會因此而加倍，但要是沒有拿捏好醬汁的分量或加了不適合的醬汁，那麼食物既有的美好風味便會被醬汁的味道掩蓋掉，甚至毀掉一道原本美味的料理。

活在這世上，至少要仔細思考過一次，展現在他人面前的料理（言語）與刻意灑上的醬汁（行為）合不合適，是不是在破壞料理既有的滋味……還有，那些脫口而出的話語和實際行動之間的距離，會不會比世上任何距離都還要遙遠……

行為是證明言語的手段，話語則要呼應行為，才會產生溫度。

15

本質與誠懇

把真心放入話語之中

穀粒和稗子的差異

穀粒和稗子長得很像，所以平時很難區分；但到了秋收季，秋風拂過田野，穀粒和稗子的明暗度就會有差異。

微涼的風會把稗子吹走，但被秋陽曬得飽滿的穀粒，會留在原地。直到那時，田野上的混沌才會被徹底整頓。

像這樣，本質性的東西與非本質性的東西可能暫時會混在一起，但遲早有一天還是會分開。

無論怎麼掩蓋，本質總有一天會顯露

人與言語的本質也是，不管是用辭藻把話語包裝得多麼華麗，或者隱藏得多麼隱晦，它的本質總有一天還是會顯露。

本性、本質、真心等，這些東西不容易與其他東西混在一起，也不容易被破壞或消失。真實的東西是禁得起歲月的風化與侵蝕的。

口吃也掩藏不了的真心

有部電影，將這個不變的真理如實搬演到大螢幕上，那便是湯姆・霍伯（Tom Hooper）導演改編真實歷史事件的《王者之聲》。電影描寫從小就有口吃的英王喬治六世，雖然繼承了王位，在大眾面前仍舊會緊張結巴，無法順利開口說話。他好不容易打開緊閉的雙脣，試著吐出卡在喉嚨裡的單字，但由於他的發言毫無力量，演說內容自然也不可能擄獲大眾的心。

喬治六世始終無法找到克服恐懼的方法，最後只好尋求語言學家萊納爾・羅格

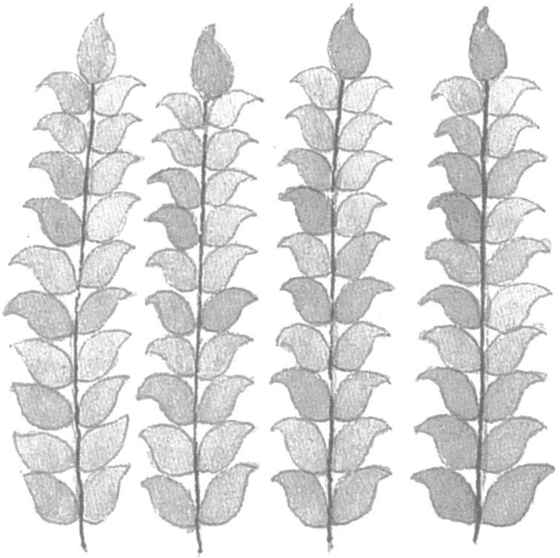

穀粒和稗子長得很像，所以平時很難區分；
但到了秋收季，就會看見差異。
本質性的東西與非本質性的東西
可能暫時會混在一起，
但遲早有一天還是會分開。

（Lionel Logue）博士的協助，塞著滿口鐵球、在地上打滾……經歷了百般艱難的治療過程。當時，正好是希特勒在歐洲掀起大戰的時期，喬治六世的任務，便是透過廣播電台，向全國民眾宣布英國即將參與二次世界大戰的決定。

喬治六世十分忐忑不安，羅格博士安撫國王，並叮嚀他：

「記得，就像跟朋友說話一樣，慢慢說就行。」

但這明明就是一場對著全國民眾，而且還是宣布參戰的嚴肅內容，羅格博士居然要國王用對朋友說話的口吻述說……然而，他的叮囑確實奏效了，喬治六世這次的演說，創造了不凡的重量與效應。我想，當時羅格博士說的那句話，會不會是這個意思：

「只要能對一位朋友誠懇地訴說這段內容，用同樣的心態，一定也能把真心傳遞給數千萬民眾。」

喬治六世沉穩冷靜地結束了這段演說。不賣弄話術、富含真誠的國王嗓音，乘著電波傳遞至英國國民的耳中，喬治六世的聲音成了強而有力的繩索，繫起全國人民的心，從上到下齊心一致。

只要把意思說清楚就好

這部電影給了我們當頭棒喝，徹底顛覆過去對於言語和口才的狹隘觀點。其實韓國社會對於「口才一定要比別人好」的強迫性觀念，早已深深中毒。一個人假使口齒伶俐、發音清晰，又有深厚的人文底子，再搭配幹練的手勢，就會被認為是善於表達的人，甚至受人景仰。人們彷彿將刺激聽眾耳蝸與大腦快樂中樞神經的才能，視為是能言善道者的天賦。

然而，在這樣的過程中，認為一定要逗聽眾笑出聲的強迫感，往往導致出言不遜；而認為一定要表現出眾的急迫感則導致武斷妄言，發言不經過思考，最後只剩下乾巴巴的話架子。

孔子在《論語》的〈衛靈公〉篇中強調：「辭達而已矣。」意思是說，只要把意思說得暢達就好。

要是只著重絢麗的辭藻，過分雕琢言辭，反而容易失去言語中應該要具備的本質。

把真心放入話中

接下來，我要回到電影《王者之聲》，把故事說完。電影呈現了兩位同時代歷史人物的言品，兩者形成鮮明的對比：一位是用法西斯主義讓德國陷入腥風血雨的希特勒，另一位則是前面說的英王喬治六世。

兩人說話的方式剛好呈兩極化，希特勒是以清楚明確的咬字，獲得盛讚的巧言舌辯者。

反之，喬治六世則是說話拖沓，卻懂得在言談中放入真心的人物。如今，哪一位的言辭會獲得更高的評價呢？

答案顯而易見，保有人類的本質、把真心放入話語中、撼動人心的人，一定會獲得更高的評價。

修練言品，找出適合自己的說話方式

要向他人表達自己的想法、傳遞情感，不是件容易的事，也是世上每一個人都會煩惱的課題。有些人在溝通過程中，難以放下要把話說得正中對方下懷的壓力，有些人則一味模仿某個人的說話方式或口吻，結果傷害了別人。我們都是這樣活著的。

說話其實沒有什麼祕訣，只能用再平凡不過的方法勤加練習。把對重要的人說的話，重新沉穩地說一遍，不斷檢視自己的言談所走過的軌跡，找出適合自己的說話方式，修練自己的言品，才是唯一正解。

理由只有一個：因為光靠說話術，是無法完全展露真心的。

> 光靠說話術，是無法完全展露真心的。

16 表現與修辭

說法不同，同一句話聽起來就完全不一樣

話語中隱含的哀愁

小時候，我常和奶奶上傳統市場。只要一踏進市場入口，就會傳來此起彼落的攤販吆喝聲，誇飾法與對偶法不斷鑽進我耳裡，好不熱鬧：

「成本價出售喔！」

「夏天還能賺點錢，冬天根本賠錢賣啊！」

「好吃到連同伴掛掉都不會察覺的美味喲！」

現在想想，商人的吆喝聲裡，不只有誇張、對比、喜悅、詼諧，他們的言語裡

某種程度投射著生活的悲哀與苦惱。

說話使用修辭，表示認真活在當下

活用各種修辭法來說話，或許也意味著充實過生活，甚至代表著認真活在當下。

因為唯有在不放棄活下去的意志、以樂觀態度看待人生時，才能夠用正面積極的方式講述空虛的日常，並轉個彎用其他事物來描述。

就如同某部電影裡出現過的台詞，「人類在感受到美好事物的確美好時，才會幸福。」

或許是因為如此，當年只要走在傳統市場裡、聽著商人的叫賣聲，我都會不自覺微笑起來。他們的聲音滲進我的耳朵深處，撩撥著我的身心。我猜想，應該是因為他們脫口而出的話語，蘊含著對明日的希望所致。

善用修辭的力量

說到「話語表達的方法」，很多人馬上會聯想到源自古希臘的「修辭學」。當時修辭學還是一門藉由修飾言語與文字來說服人的技術，對於經常需要演說、辯論的哲學家和政治人物來說，為了有效傳遞訊息給大眾，他們會經常運用比喻、誇飾等修辭技法。

只不過，在我看來，沒有哪個民族比中國人更擅長運用修辭來讓文章變得多采多姿的了。怪不得有句話說：「中國人只要一提筆，細針也能變棟梁。」

詩仙李白以浪漫主義的詩風聞名，他的詩句大量運用誇飾技法，想像飛躍。李白在〈秋浦歌〉裡透過「白髮三千丈」吐露了他的憂愁，在〈將進酒〉裡則透過「會須一飲三百杯」豪爽地歌頌著，令人感受到中國廣袤國土的風采。

說到「誇飾法」，自然不能不提《三國演義》。以書中場面最盛大的「長坂坡之役」為例：張飛站在狹長的長坂橋上，怒目圓睜，手持丈八蛇矛，朝曹操的軍隊怒吼道：

「吾乃燕人張翼德也！誰敢與吾決一死戰？」

敵軍的士兵頓時被張飛的氣勢嚇得往後退，沒人敢迎上前去，也就是說，張飛以巨雷般的怒吼聲，成功擊退了百萬大軍！依現今的標準來看，這當然是戲院裡的強檔鉅片。

主導談話的人，多半懂得運用修辭

修辭法在現今的日常生活中也相當管用，它會使平凡無奇的談話變得豐富多彩，若仔細觀察團體中主導談話的那個人，便不難發現他們往往會適當地運用修辭法，宛如在描繪一幅畫作般說著話。

提供新鮮感，突顯自己的優勢

比利時魯汶大學教授魯克·德布拉班迪爾（Luc de Brabandere）曾提出一項有趣的理論——修辭法是提供他人新鮮刺激感，並突顯自己的最佳創意方式。

「人類的大腦一旦接觸複雜的現象，為了快速理解，便會將資訊放入自己過去熟知的框架當中，使之簡單化。然而，要是有人提供一個新的框架，他就會對此產生興趣，展現關注；而修辭法或矛盾語法等，很可能就是所謂的新框架。」

修辭法是一把沒有劍柄的雙刃劍

不過要注意的是，如果說適當地修飾言語是一把帶有劍柄的雙刃劍，那麼修辭法就是一把沒有劍柄的雙刃劍，要是操控不當弄巧成拙，很容易就會砍傷自己的手。

誤用修辭法而使自己陷入困境的例子比比皆是。日戰時期的高官就曾以「要讓國民不痛不癢、彷彿在拔鵝毛般地徵收稅金」來說明稅改的正當性，他其實是偷了法國路易十四財務長柯爾貝爾（Jean-Baptiste Colbert）說過的話：「徵稅的藝術就像從鵝身上拔毛。」

「徵稅的藝術就像從鵝身上拔毛。」
把納稅人比喻為鵝，
可想而知沒有人聽了會舒服，
你說話的方式，決定了聽者的反應。

禍從口出

但是把納稅人比喻為鵝，可想而知沒有人聽了會舒服。毫不顧及對方的心情與立場，只依照自己單方面的需求所構思出來的巧辭妙喻，不僅只會淪為粗劣的耍嘴皮子，還會帶來踐踏對方自尊的反效果。

這場「鵝毛舌禍」最終沒能順利脫困，引發了要把中產階級徹底榨乾的言論風波，而拋出這種發言、深深刺痛民心的高官，則遭受了各界輿論的撻伐。

你說話的方式，決定了聽者的反應

透過電視得知上述事件後不久，我為了選購母親的生日禮物，特地去了一趟百貨公司。我問店員：「聽說最近好像有一款長夾很受中年女性歡迎，是哪一款呢？」店員上下打量了我一下，準備開口說話。我可以明顯感受到就在她要張口說話的前幾秒內，她的瞳孔已經徹頭徹尾快速掃描過我一輪。

「我幫你查一下，是韓劇裡知名女藝人背過的款式，但架上已經賣完了。我看看還有沒有庫存……喔，剩一個，要嗎？」

店員放任最後那句「剩一個，要嗎？」沿著喉嚨脫口而出，甚至只在說那句話時加強語氣，感覺她是故意要說那句話，而且刻意要讓客人清楚聽到。

聽完店員的回答後，我心中原本高漲的購買欲，瞬間消失得無影無蹤。

同樣一句話，卻展現出截然不同的溫度

同樣一句話，表達方式不同，便會展現出截然不同的溫度與重量。這道理誰都懂，但不是每個人都能實踐，可見要做到有多不容易。

然而，我們不能因為難以實踐就放任不管。要是在對重要對象述說自己內心深處的感情與想法時，只因表達能力不佳而無法傳達真心，豈不是太嘔了嗎？

當然，前提是，假如要傳達的是「真心」。

同樣一句話，表達方式不同，便會展現出截然不同的溫度與重量。

17 關係與累積

關係不是靠製造，而是靠累積

話語中的生命力

話語若要有生命力，話中的意涵就必須符合言語的重量，並經過安穩妥當的過程，好好傳遞給對方。

唯有如此，言語和文字才會確實附著在對方耳中，發揮作用。

以下是一段好友的戀愛經驗談，希望各位閱讀這則故事時，不僅感到其中的趣味，也能發現箇中的深意。

遇見心儀的他，該怎麼開啟談話？

退伍後準備復學的好友Ｊ，某天在首爾地鐵二號線車廂內遇見了心儀的女孩，非常接近自己的理想。

Ｊ鼓起勇氣，決定走上前去搭話。他覺得自己彷彿是在重演曾經紅極一時的巧克力廣告場景，尷尬羞澀的Ｊ用手搔著前額，開口說道：

「不好意思，請問妳在哪一站下車？」

Ｊ原本希望這句話能夠深深烙印在女子心中，但看來他根本是癡心妄想，老套的搭訕技巧對這名女子完全行不通。女子眉頭緊蹙，以充滿敵意的眼神瞪著Ｊ。

「蛤？請問你是？有什麼事嗎？」

用天氣當開場白

Ｊ並不打算就此放棄。他望著車窗外的河流，隨著天氣回暖，氣溫不再酷寒，陽光灑在水面上，波光粼粼。Ｊ決定以天氣與節氣作為接下來的話題，對女子說道：

「噢！妳看那邊，前不久，漢江都還結著厚厚的冰呢，現在幾乎都融化了。我看月曆上寫今天是立春……對了，我聽說古人冬天會取一些漢江的冰塊，保存在東冰庫與西冰庫裡呢。」

「真假？」

「真的啊，國家祭祀用冰塊都冰在東冰庫裡，西冰庫裡放的則是王室或高官所使用的冰塊。」

「原來如此。」

「話說回來，今天真的很冷吧？我每次搭地鐵經過蠶室鐵橋的時候，不論天氣晴朗還是陰雨綿綿，都覺得漢江周遭的景色別有韻味。」

閒聊是建立關係的橋梁

在J說的這一長串話裡，每一句話的銜接點都不拙劣或牽強，對於解除女子戒心也似乎多少有些幫助。默默聆聽著J說話的女子，臉上開始浮現淺淺微笑，J繼續說：

「啊，對了，再跟妳說一件事，說完我就要下車了。其實我搭這條二號線已經遇見妳九次了，我本來想著要是只遇到妳九次就不跟妳搭話的，但是今天正好是我見到妳的第十次，或許我們真的很有緣，能給我一分鐘嗎？」

「是喔？那就……一分鐘喔。」

在此，J是否真的遇見過這名女子九次其實已經不重要，真相究竟是什麼，可能只有他本人知道。

我比較想要剖析J展開對話的過程。他以日常生活中自然會聊的話題，諸如對風景、天氣等個人感想，開啟了這段對話，這其實是溝通專家經常提及的「閒聊、寒暄」（small talk）。這種談話內容，往往會自然出現在日常對話中，比方說：「今天天氣真好，對吧？」這類談話。

而在與陌生人攀談、建立關係的階段，我們每次都需要這樣的橋梁，換句話說，這種閒聊正是每一段人際關係的起點。

small talk／Serious talk

擁有明確目標意識的話題，被歸類為「Serious talk」，從字面上就可以知道，是屬於較大、較沉重的言論，當我們要向對方尋求協助或要求做出具體行動改變時，就會運用 Serious talk。

這種談話內容會讓聽者感到有些沉重、嚴肅，因為我們會把最重要的核心訊息投入這種談話，並傳遞給對方。

在此不防先暫停一下。要是在前面 J 的故事裡，他直接省略天氣與風景的閒聊，單刀直入、劈頭就對女子說：「其實我已經遇見妳十次了，能否給我一點時間，彼此認識一下？」也就是說，直接採用充滿目的性的 Serious talk 說話方式，又會有什麼樣的結果呢？我想，應該不只說不到話，甚至還很有可能瞬間被當成是癡漢也說不定。

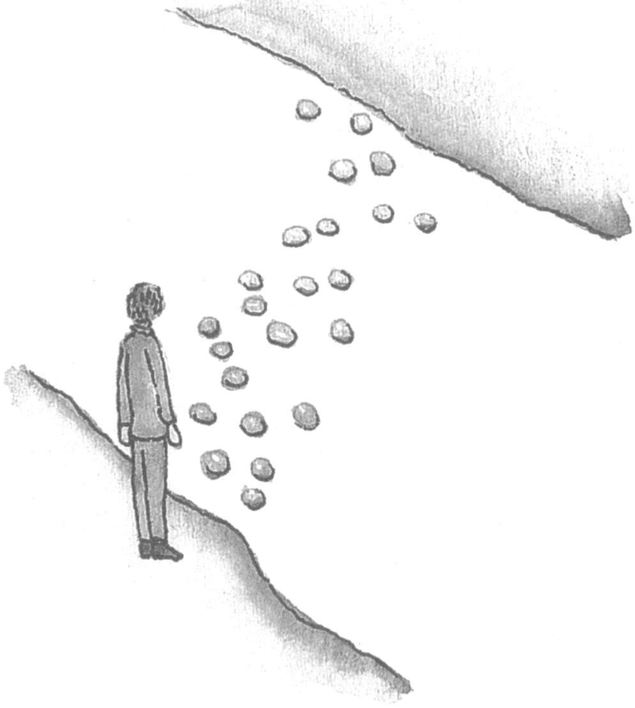

人生是一連串結緣或解開誤會的過程。
誰都無法一次就跨越人生這條長河，
一定要布好大大小小的石頭，
穩健踩在上頭，才能從這端走到那端。

溝通單靠一個人是行不通的

「communication」的意思是「溝通」，源自拉丁語「communicare」，有「交換」「分享」的意思。

你可以自說自話，但若是要溝通，單靠一個人是行不通的。溝通一定要與他人一起進行，並且在說話者與聆聽者彼此都有情感交流的時候，才算是正式啟動。

一味將自己想說的話灌進對方耳裡，這樣的對話稱不上是對話，而是毫無交集的獨白。

人際關係需要耐心累積

有句話說：人生是一連串結緣或解開誤會的過程。

只不過，任誰都無法一次就跨越人生這條長河。結識人也是，一定要布好大大小小的石頭，一步一步穩穩踩在上頭，才能夠從這端走到那端。

當我們在面對人生和人際關係時，不需要因為沒有落腳處而焦急恐慌。因為人生和人際關係，都不是靠製造，而是靠累積出來的。

人際關係不是靠建立，而是靠累積出來的。

18

噪音與玩笑

傷人的話語，充其量只是噪音

熱愛聚餐的主管

我輾轉聽過一則故事。我的大學學弟剛進公司，就闖下了大禍。學弟被分配到的單位組長，剛好是個熱愛聚餐的人。

某天，在一場嚴肅的會議結束後，組長向全體組員公告：「今晚有聚餐，大家都知道吧？一個都不準缺席喔！」

搞不清楚狀況的職場小白

身為新進人員的學弟，不免感到自己身負炒熱氣氛的責任，他試圖用充滿機智與活力的口才，打破這嚴肅沉悶的氣氛。

學弟當下馬上想到了喜劇節目裡出現過的詞——「聽・看・雜」（指擷取韓文「聽都沒聽過、見都沒見過的雜物瑣事」的三個字首，所組成的新創語），他萬萬沒想到接下來的這句話，會惹出多大的麻煩。「聚餐？我沒聽說耶，這不就是所謂的『聽・看・雜』嗎？哈哈！」

想賣弄機智卻弄巧成拙

空氣頓時凝結，現場一片靜默，所有人都屏息以待。有兩三個組員默默嚥了嚥口水，其他人則用眼角餘光偷瞄組長的臉色。

組長的瞳孔微微顫動，從內心深處直竄而上的憤怒、不可理喻之情，徹底覆蓋了他的面容。最終，學弟原本是要賣弄自己的機智，沒想到卻弄巧成拙，變成將近一個多月每天都要看組長的臉色工作。

開玩笑可不能失了分寸

有句話是這麼說的：「笑口常開，福氣自來。」因此，我們經常會在日常對話中露齒微笑，開盡各種玩笑，想要刺激對方的笑穴。

然而，玩笑話其實最容易過猶不及、失去分寸，脫離雙脣的戲弄言語要是以犧牲某人或者使某人感到不悅為前提，那麼總有一天，那份戲弄也會像飛鏢一樣回到自己身上。

幾年前，韓國知名電視人姜鎬童（常被誤譯為「姜虎東」）在發表得獎感言時說道：「我期許自己成為幽默風趣的人，而不是笑柄。」他說出了自己的幽默哲學，這畢竟是從一個會用言語操弄大眾心情的人口中說出來的，所以自然更具分量，難以含笑帶過。

不顧慮別人感受的幽默，只是低級玩笑

以《文明的進程》（*The Civilizing Process*）打開知名度的德國社會學家諾貝特·

埃利亞斯（Norbert Elias）就曾表示：「人類出於善意所展現的言行，若缺乏禮儀風度，便會讓對方覺得是『不文明的行為』，禮儀風度就是文明化（civilizing process）。」

環顧周遭，你會發現有太多人需要隨身攜帶《文明的進程》，埋首拜讀。不論是毫不顧慮對方感受、開著低級玩笑的人，還是沒能管好自己的舌頭、一夕之間掉入萬丈深淵裡的人，不計其數。

實不相瞞，身為筆者的我同樣也還沒從這場災難中解脫。猶記許久前那個炎熱的夏天，光是一動也不動待在原地，也會汗如雨下。

當時我還只是個新人作家，新書出版後我想盡辦法極力宣傳，甚至連出版社都替我感到抱歉。然而，期待最終變成了遺憾，那份傷痛漸漸在我心裡化成了膿瘡。

母親的苦心

太陽緩緩西下，午後的斜陽照亮了家中客廳，此時，早上揹著大布袋出門的母親打開了玄關大門，步履蹣跚地走了進來。母親一屁股坐在客廳地板上，並從布袋裡拿出了五、六本書。

「我邊問邊走了幾家書店，買了幾本你寫的書回來……」

看著年邁母親勞心勞力的樣子，無力感與挫折感頓時攪亂了我的情緒，我的內心燃起了一把無名火，最終，還是對母親說了不該說的話。

「才買這幾本，對我根本沒有任何幫助，以後別再做這種事了，妳身體又沒有多好。」

「……」

母親當時什麼話也沒說，分不清是汗水還是淚水的水珠，從她的雙頰上緩緩流下。我遞了手帕給母親，她擦拭著臉龐，低聲呢喃著：

「我也知道，但我能為你做的也只剩這個……」

千萬別讓惡言脫口而出。
倘若輕率膚淺的言語要從口中衝出，
就得盡快安撫自己的心理，
讓那句話好好待在口中。

千萬別讓惡言脫口而出

母親的這番話宛如山頂上掉下的巨石，沉重到令我難以承受。我對於自己沒能抓緊惡言的尾巴，讓它從我口中脫口而出感到十分抱歉，就這樣帶著自責的心情徹夜輾轉難眠。

朝鮮後期實學[6]家李德懋在《士小節》中，具體詳細地寫出成人該有的言行標準。「倘若輕率膚淺的言語要從口中衝出，就得盡快安撫自己的心理，讓那句話好好待在口中。一旦口出惡言，將招來他人詆毀與橫禍，豈能不謹言慎行。」

傷害別人的話，充其量只是噪音

不可否認，現在的時代，口才流暢者較容易受到矚目，然而，要是在油腔滑調的話語之中沒有顧及到對方，對某人造成傷害的話，那麼，這樣的發言也只會淪

[6] 譯注：盛行於十七至十九世紀朝鮮王朝，崇尚實際、實效、實用和實事求是的思想流派。

為噪音，而非說話聲。

聲音會震動我們的耳膜，滲入體內，但是噪音只會刺痛耳膜。要是不斷被噪音干擾，人們就會自動摀起耳朵。噪音不會滲入體內，而是瞬間被消滅。因此，偶爾不防仔細回想，透過雙脣衝口而出的說話聲，究竟是話音，還是噪音。

> 完全不顧及對方感受的話語，這樣的發言，只會淪為噪音，而非說話聲。

第 4 章
豪語氣勢不凡

擄獲人心，
如獲宇宙。

19

轉換與道歉

輸過才知道怎麼贏

帥氣地認輸吧

「你很帥！」

這是我在幾年前的跨年活動上聽到的乾杯祝詞。這句話其實是雙關語，蘊藏著兩種意思：一是字面上的「你很帥」，二是可以拆開解釋成韓文的「坦蕩、快樂地生活，帥氣地認輸吧！」[7]

我舉起酒杯，跟著大家高喊著前兩句時還沒什麼感覺，但是唸到第三句「帥氣地認輸吧！」時，心裡瞬間抖了一下。因為在這不習慣道歉認輸的社會裡，這句

7 譯注：你很帥的韓文為「당신멋져」，剛好可以拆開解讀成韓文的「坦蕩、快樂地生活，帥氣地認輸吧！」（당당하게, 신나게 살고, 멋지게 져주자.）

坦蕩、快樂地生活，

帥氣地認輸吧！

知道如何認輸，

才是真正懂得負責的人

話聽起來有點諷刺。而且好像不只有我這麼認為，一起舉杯喊著「是啊，你很帥！」的同桌人士也一臉尷尬跟著點了點頭。

人際的衝突

我們活在人世間，一定會遇到跟身邊的人起衝突的狀況，如果客觀分析我們現在所處的世界，其實只是由「自己」「友善的他人」與「不友善的他人」這三種類型的人所組成。

人們不輕易認輸

在勝負的競賽場上，有贏家，就一定會有輸家。只要是需要分出勝負的事情，就必然會引發衝突、在內心留下疙瘩。

要是隨著時間流逝，過去心中出現的裂痕能夠自動癒合，與對方回到最初的友好關係，自然是再好不過；但真正心甘情願承認失敗、先伸出手的人，實在少之又少。有些人甚至一察覺到對方有獲勝優勢，便會將「認輸的行為」視為社會或心理上的死亡宣判。

要是與某人一較高下之後，衝突的疙瘩不但沒有消失，還愈來愈大，或者是彼此之間早已形成跨越不了的江河——那麼，你不妨聽聽接下來的這則故事。

首映會上的槍擊案

「砰！砰！砰！」

二〇一二年七月二十日凌晨，美國科羅拉多州奧羅拉市的一間電影院傳出了槍響，不明人士開槍掃射影廳內的觀眾，就連剛出生三個月的嬰兒也不放過。恐懼聲與尖叫聲占據了整座電影院，怪漢射出的槍彈在戲院裡流竄，穿過了無辜民眾的身體與心中。

最後，死傷人數統計出爐，總共有十二名觀眾身亡，五十名輕重傷。事發當時，影廳內播放的電影是蝙蝠俠系列的《黑暗騎士》，那天剛好是電影上映第一天。

蝙蝠俠該出面道歉嗎？

恐懼瞬間擴散，熱鬧的市中心突然發生槍擊案，整個美國頓時壟罩在驚恐之中。另一方面，媒體輿論也開始將矛頭指向電影公司，槍枝規範團體則認為，就是因為這類動作電影將暴力美化，間接促成了這起慘案。

飾演電影中蝙蝠俠角色的演員克里斯汀・貝爾（Christian Charles Philip Bale）也難辭其咎，社群媒體瞬間湧現大量留言，到處寫著：「這起事件絕對是模仿犯罪」「真正的蝙蝠俠應該出面道歉，並給予傷者安慰。」

透過致歉的話語，因禍得福

經過百般思考，貝爾決定親自前往醫院探視傷者，然而當時電影公司十分反對，他們認為在風頭上還是先避一避比較好。要是電影主角親自面對傷者，到時一定又會掀起另一波輿論攻擊，貝爾自己說不定也會被捲入其中，被迫接受全民公審。

貝爾最終不顧勸阻，偕同妻子抵達了醫院。他的穿著低調樸素，面對傷者家屬時，他緊握他們的雙手，給予安慰與鼓勵。貝爾用低沉的嗓音安慰著家屬，那些字句也深深烙印在悲慟的家屬心中，並逐漸發酵。

「我必須來這裡，我覺得自己有責任，為了悼念罹難者，接下來我將不出席任何有關這部電影的宣傳活動……」

貝爾在醫院待了將近一天。也許是貝爾的真誠打動了大家，自此之後，輿論也轉變了方向，指責電影公司的聲浪逐漸平息，票房也再度回穩攀升。

將事態進行轉換

栗谷李珥在《聖學輯要》〈為政〉篇中提到，國家管理可分「創業」「守成」「更張」三階段。

「創業」是初心者必須有始有終的必修過程，嘗試新挑戰的人要通過的關卡；「守成」是指堅守當初創立的事業，避免倒閉，只要妥善管理現況即可，自然是贏家的責任。

而「更張」，是挑戰者、贏家、輸家都追求的事情，也就是轉變，要改革陳年老舊的政治、社會制度，需要靠靈活的手腕，轉變事態。

此外，演奏弦樂器前，事先依照演奏曲目與樂器的狀態，調整琴弦鬆緊度，也屬於「更張」。

懂得道歉，才真正懂得負責

由此可見，「更張」是經歷過失敗的人最迫切需要的，因為它是唯一能夠扭轉局勢的方法。尤其是「道歉」，這是最典型的更張方式。

根據精神科醫師亞倫・拉扎雷（Aaron Lazare）[8]的說法——**「道歉是一種解決方案」，強調充滿勇氣的真誠覺悟，才是打動對方的唯一解決對策，也是排解糾紛與不信任最有力的溝通工具。的確，道歉會在糾紛與衝突間注入潤滑劑，並作為關係修復的一種機制。**

如前所述，貝爾身邊的人都擔心他去醫院是自投羅網，容易招來麻煩，但貝爾並不這麼認為，他沒有維持現狀或選擇逃避，反而透過致歉的言語，因禍得福。

認輸並不代表低頭，而是認同

知道如何認輸，才是真正懂得負責的人。認輸，並不代表結束或者消失不見，只要是輸得有意義，那將會是另一個開始。因為認輸並不代表向對方低頭，而是認可對方。

[8] 編注：著有《道歉的力量》。

有時，我們也要懂得風光認輸，才不會把自己逼上絕路。在中國，以退為進才是最聰明的生存法則。

認輸並不代表向對方低頭，而是認可對方。以退為進，才是最聰明的生存法則。

20

指正與批評

出自溫暖的冷言冷語

無法包容不同的意見

這是發生在英國劇作家蕭伯納（George Bernard Shaw）身上的一則故事。某天，蕭伯納把一些藝術愛好者邀請到他家，這些人雖然喜歡米開朗基羅的畫作，但是只要看見奧古斯特·羅丹（Auguste Rodin）的作品，就會嚴厲批評。蕭伯納手拿一張素描作品揮舞著說：「各位，這是我最近剛拿到的羅丹畫作。」

蕭伯納話才剛說完，大家就已經開始對這幅畫品頭論足，閒言和閒語在空中撞擊，現場一片喧囂。

於是，蕭伯納露出了果不其然的表情，瞄準了閒話紅心，擲出了一句關鍵的話語，那句話瞬間就把盤根錯節的閒話徹底打散。

「啊！抱歉，我弄錯了！這幅畫並不是羅丹的作品，而是米開朗基羅的傑作。」

其實我們身邊不乏這種困在自己偏見裡過日子的人，他們往往認為自己的想法和答案才是唯一正解，跟自己不同的意見全都是錯的。

偏見的牢籠

偏見的牢籠愈高，就愈想對別人下指導棋，或者矯正對方的思想。他們相信自己可以任意操縱既定的事實與真實，對方的立場與情感遠遠被拋在他們的偏見牢籠之外，一點也不被重視。

自利偏差

然而，對人類來說，每個人都有一個共同的地雷，那就是「自尊」。尤其一般成人都會有「自己雖然不比別人優秀、也不覺得自己低人一等」的傾向。

這就表示，人們會把自己的存在價值與能力，自行評估為高於平均值的意思。心理學稱這種現象為「自利偏差」（Self-serving bias）。

因此，人在公司組織或團體裡，要是被當眾指正或者遭受侮辱，就會覺得更有失自尊。

一語傷人，痛如刀割

這讓我想起了高麗文臣秋適將經典名句匯集成冊的《明心寶鑑》，書中的〈言語〉篇裡寫道：「利人之言，煖如綿絮，傷人之語，利如荊棘。一言半句，重值千金，一語傷人，痛如刀割。」

這句話的意思是：「對人有利的言辭，會像棉絮一樣溫暖，但是傷人的語句，會像荊棘一樣銳利。一句話的重量宛如千金，要是說了一句傷人的話語，便會感到宛如被刀割傷的疼痛。」

專挑他人毛病，毫不尊重對方的情感與立場

每逢春節，打開電視很容易看到「春節症候群」這個詞，指壓力所導致的身體倦怠感；然而，最近有愈來愈多人被「精神性春節症候群」折磨得苦不堪言。可想而知，像這種家人好不容易可以齊聚一堂的節日，自然免不了要被那些名為叮嚀、嘮叨、訓誡的話語疲勞轟炸一番，諸如：「什麼時候才要結婚啊？」「你就是眼高手低，才會找不到工作啊！」等。

親友們不想被批評平時都冷漠無情、不聞不問，所以便拚命尋找話題攀談，表示：「我其實都有在默默關心你。」但這種話，在我聽來或許恰好與事實相反，會不會就是因為毫不關心，所以才會那麼輕易亂下指導棋？正因為完全無法察覺對方的情感與立場，才會一見面劈頭就無禮地問那些問題？

指正過剩的時代

哲學家韓炳哲教授曾在《倦怠社會》（*Müdigkeitsgesellschaft*）裡寫道：「每個時

代都有其主要流行的疾病。二十一世紀的流行病，從病理學的角度來看，這類疾病既不是透過細菌，也不是透過病毒，而是經由神經元的病變所引起。」

我想延伸他的論點，將現今的社會稱為「指正過剩的時代」。

從早上起床到晚上就寢，愈來愈多人整日憤憤不平，把批評和指責掛在嘴邊，甚至和難聽的話語合而為一，到達「物我一體」的可怕境界。

毒舌會擊垮人的身心

然而，專挑他人毛病的話語，一不小心很容易就會變成「毒舌」，也就是如字面上所言，從舌頭噴出的毒液。雖說忠言逆耳，一針見血的毒舌的確可能會起到當頭棒喝的作用，但大部分的毒舌卻會使人身心受創，就連口出毒液者自己本身的口舌也會潰爛腐敗。

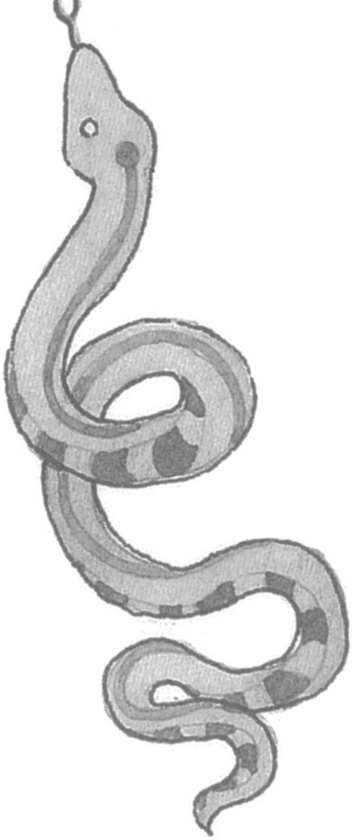

一針見血的毒舌
的確可能會起到當頭棒喝的作用，
但大部分的毒舌卻會使人身心受創。

善意的批評，是溫如人心的

如果想要說出善意的批評，提出具建設性的指正，必須具備某種程度的內功——不僅要對事情有充分的知識與觀察，還要把關心對方、愛惜對方之心蘊含在言語之中。

儘管言語本身是冰冷的，但是從口中吐出的那一瞬間，要能溫如人心才行。

將事物放於掌心，從各種不同角度觀看

其實判斷事物的是非對錯、明確指出錯誤，並非小事一樁，觀察「批判」兩字便可略知一二。「批」字是由「手」和「比」所組成，也就是將事物放於掌心，從各種不同角度觀看，綜合評估、判斷的意思。

刮別人鬍子之前，先把自己的刮乾淨

當你指正某人時，指向對方的指頭只有一根食指，但是扣除大拇指，其餘三根指頭是指向「自己」。也就是說，當你承擔得起三根手指的分量時，才能伸出食指指向他人；對著別人指指點點之前，也要足足捫心自問三次，檢視自己究竟是否夠格。

指正，是唯有不輕易指正他人的人才能做的事。

21
提問與感染
對本質與真相的詢問

善於交涉的人，似乎都有讀心術

電影《男人百分百》中的男主角——廣告公司主管，某天不慎遭遇了觸電意外，沒想到這次意外卻讓他獲得了超能力，他可以像電腦斷層掃描般閱讀他人內心的想法。他運用這份特殊能力徹底抓住大眾的喜好，創造出家喻戶曉的廣告。

不只電影，現實生活中能夠洞悉對方的意圖，也是過人的競爭力。要是仔細觀察善於交涉的人，便不難發現他們似乎有驚人的讀心術，非常會猜測對方的心理。

睜大心眼觀看對方的內心，然後提問

司馬遷的《史記》裡有這麼一段話：「反聽之謂聰，內視之謂明。」意思是：「能聽之於耳、慮之於心，叫作聰明；能自我反省，叫作明智。」

這段話提醒了我們，待人時應當遵守哪些禮儀與姿態，「聰明」一詞也源自於此。若要理解一個人、猜到對方的意圖，就必須記住對方說過的話，聰明地聆聽，睜大心眼，觀看對方的內心，然後在這樣的過程中互相交換問題。

提問的本質

韓文裡的「提問」，漢字寫作「質問」。這裡的「質」字，是「真實」「基礎」之意。因此，提問可以解讀成「向對方詢問現象的本質與真實」的意思。[9]

雖然沉默會使話語變得更為沉著，然而，有時我們也需要打破沉默，透過提問

9 譯注：此段內容，作者以韓文「질문」的漢字「質問」來進行解釋，「질문」意思等同於中文的「提問」。

掌握對方的好惡與真實想法才行，那才是提問的本質。

讓人覺得受到尊重的提問法

我曾經在某個電視節目中看過，鋼琴家暨作曲家林東昌（音譯）先生營運的中途學校介紹，幾名休了學的學生三三兩兩聚集在那間學校裡，在我看來，他們並不是問題兒童，只是需要比較多時間適應這個社會罷了。

上課氣氛十分特別，孩子們不是整天乖乖坐在教室裡，反而是花更多時間在修剪草坪或與大自然互動。

作曲家林東昌對待孩子的態度，也令我印象深刻。課堂上有兩名學生因為一點小事起了衝突，但是作曲家沒有狠狠訓斥他們，也沒有規勸他們一定要和好。

他只是默默盯著兩個孩子看了許久，然後冷靜地詢問他們，「你的心情如何？」「那他的心情又會如何？」「現在想怎麼做？」他在對話的適當位置裡填入了提問，彷彿期待著在那個時間點，孩子們會說出坦率真實的回答。

人受到尊重，自然會說出內心的真實想法

於是，那兩個原本緊閉心扉的孩子開始述說自己的心情，就如同在伸手不見五指的漆黑房間裡，靠著窗外月光閱讀書本的人一樣，小心翼翼翻動著書頁。一個孩子終於開口說話了。

「在以前的學校，只要是我的錯，就一定會被老師體罰，那裡的老師從來不問我理由，所以我也愈來愈不喜歡說出自己的想法，或表達情感。但是在這裡，我覺得老師很尊重我，以及我的心情……」

提問，而非命令

作曲家沒有以高姿態從上往下俯視孩子，對他們倒下滔滔不絕的叨唸。他說的話滲入了兩個孩子的耳裡，而且沒有絲毫身分或高度上的落差，也沒有「不可以吵架」「快點和好」等命令式語句；因為要是這麼說，肯定只會引起孩子們情緒上更大的反抗。

透過提問掌握對方的好惡與真實想法，
那才是提問的本質。
讓人覺得受到尊重的提問，
自然會說出內心的真實想法

承載話語的河流

在我看來，每個人的心裡都流著一條河，當某句話傳進我們的耳裡，就會被這條河載著，漂移至情感的最深處。

傾斜語言與染色語言

「提問」和「命令」會在我們的心中流向截然不同的方向，如果說「命令」是會將一邊的想法推向另一邊的「傾斜語言」，那麼「提問」就是會感染想法、並影響另一邊想法的「染色語言」。

提問形式的對話，會使聽者感受到自己被尊重，有時還能引導聽眾自發性地參與對話。

為什麼雪是冰的？

回想童年，我其實是個好奇寶寶，走在路上要是頭腦和內心開始浮現疑問，就會忍不住開口向人發問。

有次我問母親：「為什麼雪是冰的？」母親回答：

「雪？因為它是天上掉下來的水蒸氣變成的啊。」

「真的嗎？為什麼會變成雪，而不是原本水蒸氣或水滴的樣子呢？」

「喔，或許是因為它想要在地球上待久一點的關係吧，要是以水滴的樣子掉落在地面，馬上就會消失不見啊。」

「喔，原來是這樣啊……」

教育不是灌輸，而是引導

「教育」的英文單字「educate」其實也有「帶出」的意思，也就是並非只由師長把觀念注入孩子們的大腦裡，從旁引導孩子激發出潛能，才是真正的教育。

我想我的母親也是如此，她並沒有因為我的無厘頭提問而不耐，或者選擇充耳不聞，含糊帶過。她總是以慈祥和藹的嗓音，彷彿是在為我合音般互相提問，不僅告訴我一般世俗的定義，還以富含詩情畫意的說法，借助想像，好好地跟我解釋。透過提問，激發出我腦中與心中的無限想像力。

用提問，與每個人心中的祕密花園相遇

平時與人聊天，我都會覺得每個人的內心彷彿都有一片祕密花園，有著各自的風景。

在那片花園裡，有別人不曉得的回憶、傷痛、未實現的夢想，淒然隱密地隱藏在其中。

瞭解一個人，或許也是在小心翼翼地窺探這片神祕花園。因此，往後與人交談時，不妨試著用站在社區花園一隅窺探的心情，墊起腳尖看看。

人與人之間的接觸、相識，也是我們活在人世間的根本活動。

命令是「傾斜語言」，提問則是「染色語言」。

22

前途與省思

過去與未來是共生共存的

歷史的傷痕

二〇一四年四月八日，愛爾蘭總統麥克．希金斯（Michael Daniel Higgins）訪問英國。這天上午，一場饗宴在倫敦近郊的溫莎城堡中舉行，希金斯總統和英國女王伊莉莎白二世都出席了這場宴會。然而，這場活動的氣氛不只冷靜，還十分冰冷。放眼望去，賓客們無一交談，臉上甚至還充滿著宛如生前就帶有的不信任與怨恨。

愛爾蘭與英國之間的歷史，充斥著鮮血與報復；被英國統治七百年的愛爾蘭，在爭取獨立的過程中，發起過好幾次武裝抗爭，而英國則是以冷酷、不慈悲的方式面對，愛爾蘭共和軍（IRA）與英軍之間的流血衝突，導致兩國的死傷人數慘重。

正視過去，還是擦掉過去？

然而，試圖修補關係裂痕的次數遠遠不及衝突次數，兩國代表為了表示和好而握手言和，但是每當這時候都會被過去的歷史羈絆。

因為一方比較想要正視過去，而令一方則比較想要擦掉過去。

等於是一邊傾向敞開過去歷史的大門，另一邊則希望毀掉那扇門，雙方立場對立。每一次的協商最終都淪為破局，因為彼此都無法把焦點放在當下，未來之門自然難以開啟。

不該任由過去阻礙未來

這天，正當宴會開始之際，以首席部長官身分參與宴會的前 IRA 司令官一出現，會場氣氛更是瞬間降至冰點。因為在他任職司令官期間，IRA 的武裝攻擊導致伊莉莎白女王的親戚不幸過世。

會場的空氣頓時凝結，彷彿任何事情都難以劃破那肅殺的氣氛。

最後，打破僵局的人是伊莉莎白女王。女王主動舉起了酒杯，說了一段乾杯前的祝詞，那席話就像杯裡的香檳般透明清澈、毫不虛假。

「各位，以後我們還是會記得那段過去，也可能永遠謹記在心，但是我們不應該再任由過去搞砸未來，未來也不能被過去羈絆，這才是我們留給下一代最偉大的禮物。」

大言炎炎

古語說：「大言炎炎」，「炎炎」是指氣勢很盛的樣子，為雄壯有力之意。的確，大言必定強而有力，反之，小言則是囉嗦嘮叨，輕浮而無力的。

用大言化解仇恨

那天，女王說的那番話就屬於大言，從女王口中流出的話語筆直貫穿整個會場的嚴肅氣氛，然後命中希金斯的耳朵。希金斯總統從座位上起身，發表了一段回覆。

「兩國未來要走的路還很漫長，然而我們必須向前走，因為那將會是一條永續且開創性的和解之路。」

希金斯總統一說完，會場便響起一段陌生的音樂，原來是過去IRA戰士們經常哼唱的愛爾蘭民謠〈茉莉．夢露〉（*Molly Malone*）。

那首充滿著愛爾蘭民族恨意的曲子，把整個會場感染得一片淒然。

從那天起，兩國協議寫下歷史新頁，為未來攜手共進。

大言之中流露先見之明

不論是哪個社會、哪個時代，往往會有人提供更宏觀的畫面，他們的話語之中總是流露著先見之明，不執著於過去與現在，冷靜地預見未來，因此，才有可能有那樣的言品。

運動場上也有一群人是看著未來之路、而非眼前之路奔跑的，那便是馬拉松選手。馬拉松選手的任務是跑完全程，把總計四十二．一九五公里的路程跑完，通過終點站，是他們參賽的理由。

馬拉松選手通常會以平均二十公里的速度持續跑兩個多小時，所以為了保持固定的速度，他們往往會適時調節自己的步伐。

舉例來說，假設在某個特定路段是以衝刺速度奔跑，那麼到了其他路段時就會刻意放慢速度，適當安排自己的體力，也就是靠自己的節奏超越其他選手。

馬拉松式口才

我們在日常生活中與人交談時也是，有些人會像馬拉松選手一樣適時調節自己的步伐，他們不會從一開始就卯足全力地超速奔跑（Over Pace，好比過度發言），而是先看見下一段路程，用著比別人更長的氣息來說話。如果一定要替這種人命名，我想，或許可說是擁有「馬拉松式口才」的人，而前面提到的伊莉莎白女王

馬拉松選手是看著未來之路、
而非眼前之路奔跑的。
馬拉松式口才不會過度發言，
而是先看見下一段路程，
提出良好的未來展望與目標。

正是這類人的代表。

觀察身邊的人，這類型的人不會留戀過去，也不會把「想當初我可是……」這種話整天掛在嘴邊，擅自在他人面前端出過去的豐功偉業；他們反而是將觸角伸到即將到來的明日，所以在重要時刻，會在自己所屬的領域與組織裡，提出良好的未來展望與目標。

他們的話語經常飄在空中，不會沉落地面，並不是因為發言輕浮，而是因為他們的話語就像軍隊裡的旗幟一樣，奮力飄揚著。

在「過去」的巢穴中孵出「未來」之卵

《明心寶鑑》裡有句話：「欲知未來，先察已然。」也就是說，「如果想要知道未來，就要先回顧過去」的意思。

沒錯，這絕對是流傳千年的老祖宗智慧。未來的教訓可以從過去歷史中獲得，在名為「過去」的巢穴裡才能孵出「未來」之卵。最重要的是，文明社會的要件即是省思過去。

不過，我相信上述這段話絕不是要我們執著於過去，過去、現在與未來是共生共存的，儘管活在現在，也要不時回頭查看過去，做為借鏡；有時則要重新審視自己是否一直被過去所束縛，令自己裹足不前。

過去，可以是一道牆，也可以是一條路。

23 連結與包容

致力尋求彼此的共同點

林肯的包容精神

史蒂芬・史匹柏（Steven Spielberg）執導的電影《林肯》（*Lincoln*），描繪了美國總統林肯為了廢除黑奴制度所付出的心路歷程，如實展現了林肯的人性面貌。電影中，林肯被刻畫成優秀的好勝者，同時也是為了遵守自我政治信念不惜與政敵妥協的談判家。只不過，林肯的另一面並未被電影完整呈現，那便是他的整合力與包容精神。

政治宿敵史坦頓

南北戰爭時期，林肯想要提拔愛德溫．史坦頓（Edwin McMasters Stanton）擔任戰爭部長，等於今日的國防部長，所有人都十分訝異，紛紛交頭接耳。關於林肯與史坦頓的謠言宛如振翅飛翔的鳥兒，在政界飛舞翱翔。

因為在過去，史坦頓是林肯的政治宿敵，總愛批評林肯的施政。之前他在伊利諾州當律師時，甚至經常嘲笑林肯是「肯德基州的鄉下人」「長毛猩猩」。正因為他還記得自己出言不遜的往事，當他接獲這項任命通知時，一時間不知所措。

「我當初說過的那些話，會不會早已在林肯心中種下根深柢固的心結？難道是打算把那些話拔出來，回頭用來攻擊我嗎？他心裡到底暗藏著什麼詭計？」

沉浸在回憶中的史坦頓，終於忍不住在一個場合中，對林肯單刀直入地問道：

「你為什麼要我擔任戰爭部長？難不成是想看我笑話？」

越過偏見，知人善任

林肯沒有馬上回答，反而露出一抹淺笑，那抹微笑看在史坦頓眼裡，既溫暖又大方，彷彿有一個他不曾到訪過、難以預測的世界，躲藏在那份笑容裡。後來，林肯終於說話了。

「嗯，其實不瞞你說，我一開始也不喜歡你，但是正因為討厭，所以想要更深入地瞭解你。我後來經常看到你在法庭上辯論的熱血樣子，說到處理公事，我沒看過有誰比你更有責任感。要是將那樣的責任感與戰鬥力發揮在戰場上，我想，你自然是戰爭部長的不二人選。如何？願意與我一起攜手為國而戰嗎？」

史坦頓瞬間臉紅羞愧，過去對林肯冷嘲熱諷的那些日子，猶如底片般一幕幕掠過他眼前，林肯的這項提議瞬間成了千斤重擔，壓在他的肩頭與心裡。那段話，看來是有流入史坦頓的人生當中。

世上最完美的元首

爾後，史坦頓成了林肯總統最信賴的參謀。一八六五年四月，林肯總統遭人暗殺逝世時，哭得最傷心的人也是史坦頓。史坦頓以「躺在那裡的，是世界上最完美的元首」形容林肯，並於內心流下了悲痛萬分的淚水。

聽敵人的話語，伸出友誼之手

有些歷史學家甚至認為，林肯其實精於權謀，為了達成目標，他懂得運用各種手段和方法。然而，在我看來，或許在一百五十多年前，林肯的人性面與其政治評價並非像這些學者所說的那麼勢利。

光從他任命史坦頓擔任要職一事來看便可知。能夠打開耳朵聆聽政敵的話，甚至至主動伸出友誼的手，這絕對不是凡人之舉。「包容」或許是人際關係中人類能夠到達的最高境界。

寬容地包覆對方

「包容」，是「包覆」的意思，如果在字典裡輸入動詞「包容」進行搜尋，就會找到「寬容地包覆對方或者接納對方」這樣的解釋，可以簡化為「包覆」或者「覆蓋」。

那麼，若用英文又該如何呈現呢？雖然相對應的單字有好幾個，但我個人會比較想要選擇帶有「連結」「相連」之意的「connect」。

找到連結彼此的扣環

因為，林肯與史坦頓的關係就是如此。林肯為了改善與史坦頓的關係，他沒有濫用讚美，也從不用極端的言論貶低史坦頓，或者將他踩在自己腳下。林肯為了找出和史坦頓的共同點而努力。

換句話說，他等於是成功找到了能夠連結彼此的扣環（connection）。兩人對於公職的使命感與為國家著想的心態都十分明確，林肯就是看準了這點，以此進攻，向史坦頓做出了適當的提議。

林肯努力找出與對方的交集，試圖接近對方，在那股驚人的包容力面前，過去的關係等同無效，對未來的提議則變得有效。

硬思考與軟思考

與人交談時，我想，能夠找到與對方的共通點並不是什麼特殊能力。或者應該這麼說，交談時需要的並不是技術，而是態度。

認知科學將人類的思考類型，分為「硬思考」（hard thinking）與「軟思考」（soft thinking）。前者主要是以邏輯、分析、測量事物的思考系統，後者則是以軟性觀點來觀看事物的方式。

面對「貓咪與冰箱有什麼共同點？」這樣的提問，硬思考的人會反問：「家電用品和動物有共同點嗎？」但是軟思考的人，很可能會這樣回答：「兩者都有很多種顏色，一樣喜歡廚房，都有著類似尾巴的東西。」能夠想到這樣的答案，都要歸功於看待現象與世界的態度極其柔軟所致。

與人交談時需要的並不是技術，而是態度。

貓咪與冰箱有什麼共同點？

硬思考的人會反問：

「家電用品和動物有共同點嗎？」

軟思考的人會用軟性觀點來觀看事物。

四種朋友

明代文學家蘇浚的〈雞鳴偶記〉篇裡，就將朋友分為四類。

第一種是在道義上互相砥礪，有了過錯互相規勸的「畏友」；第二種是感情親密，有難時互相幫助的「密友」；第三種是終日嬉戲遊蕩，形影不離的「昵友」；第四種則是見到利益互相爭奪，遇到禍患便互相推卸的「賊友」。

我想，儘管我們身處在為五斗米折腰的社會裡，上述這四種友人在我們身邊應該都會出現，但是林肯與史坦頓的關係，或許正好介於畏友與密友之間吧。

交談時需要的並不是話術，而是態度。

24

廣場與開放

跨越二分法的藩籬

梵蒂岡的新教宗

二〇一三年三月十三日，斜陽漸下，近傍晚的午後，位於羅馬梵蒂岡的聖伯多祿大殿映照著火紅的夕陽，晚風環繞著建物，吹來徐徐涼風。

正當夕陽消失在天邊，原本遮住陽台窗戶的鮮紅色窗簾緩緩往兩側拉開。新任教宗方濟各身穿白袍，繫著銀色腰帶現身。

教宗的一句「晚上好」

在雨滴四濺、地面光可鑑人的廣場上，湧進了成千上萬名民眾，只為一睹新教皇風采、親耳聽聞其話音。大家既期待又興奮，靜靜等待教皇開口。

拉開窗簾的教皇方濟各，朝廣場上的民眾揮手示意，透過第兩百六十六任教宗的口中，我們聽到的第一句話竟是平凡無奇的問候語，而不是什麼宏偉的宣言。

「晚上好！」（Buona Sera.）

有人鼓掌，周遭人士也相繼送上掌聲。掌聲如雷，中間還不時穿插著高喊聲，一聲接著一聲，喊叫聲緊追著掌聲的尾巴，充斥在廣場各個角落。

街頭教宗

最常用來形容教皇方濟各的詞彙便是「破格」。教皇在面對過去的慣例時毫不畏縮，自上任以來，就開始打破舊俗，跳過那些繁文縟節。他走出了和過去其他教宗截然不同的新步伐，展現了新風貌。

他沒有披著過去聖職者高層人員都會穿戴的傳統服飾「肩衣」（短斗篷），也沒有搭乘豪華轎車，而是改搭中古小型車移動。在他七十七歲生日當天，甚至邀請了露宿街頭的流浪人士一同共進早餐。

貼近民眾的日常用語

另外，教宗特有的灑脫、充滿深度的說話方式也值得矚目。教宗的說話語調宛如搖籃曲般柔和，但是話中蘊藏的意志又極為堅定。尤其教宗在演講時，總是不拘泥於形式。有別於前幾任教宗用抽象字眼陳述冗長的教義，他反而是以人人都聽得懂的日常用語闡述信仰的基本。

跨越藩籬，從二分法觀點中脫離

在教宗所具備的言品當中，最大的特色便是從二分法觀點中脫離。教宗在面對記者會或大眾演說場合時，發言總是保持中性，不會特別傾向哪一邊或者評斷誰，也從不分好國、壞國、善惡。有趣的是，這樣的說話口吻與世界觀，恰巧與孔子的《論語》〈為政〉篇裡提到的「君子品德」有相同的思想軌跡。

早在古代，孔子就強調：「君子周而不比，小人比而不周。」

意思是說，「君子團結但不勾結，但是小人勾結卻不團結。」

也就是不去結黨營私，不向特定勢力或思想靠攏的姿態，才是君子該有的品德，也可以解釋成「君子不器」之意。

若要像教皇方濟各一樣，言行保持中立、毫無偏頗，唯有在跨越那道圍繞著自己的有形、無形藩籬時，才有可能達成。

隱私概念的興起

簡言之，如果說西歐的近代是以藩籬築起警戒線，或者把特定空間圍繞起來而開始的也不為過。工業革命的起源地英國，就是最好的例子。英國從十八世紀開始，為了讓農作物能夠提高產量，便紛紛在公有地上築起高牆，設立工廠，因此促成急速的經濟成長。從那時起，多人齊聚對話、和樂融融的空間漸漸消失，取而代之的是「不可侵犯個人領域」的隱私概念興起。

最終，區分彼我的二分法習慣愈來愈普遍，這也的確阻斷了人與人之間的溝通，成為衝突愈演愈烈的原因之一。

開放包容的態度

教宗的發言輕鬆跨越了這種二分法的藩籬，**以打破高牆、取消制度的方式，選擇不繼續留守在自己的城池裡，昂首闊步走向民眾，甚至試圖走到廣場外與人交流。**

我們從教宗留下的語錄中，也可看到他對人保持著開放的態度。他在第一場官方記者會上表示：「關於離婚與墮胎的問題，教會的立場從未改變，但是從今以後，治癒、撫慰這些人的傷痛，將是教會要扮演的角色。」

他與一名無神論者在電話裡通話時，也以「神的慈悲無限，儘管不信神，只要遵循自己的良心即可」來包容對方。

海納百川，有容乃大

中國清朝政治家林則徐為廣州越華書院所創作之對聯的上聯寫著，「海納百川，有容乃大」這樣的字句。

直譯的話，就是：「海洋之所以廣大，是因為它容納了數以百計的河流。」**海洋的本質即是如此，它之所以是海洋，絕非單純是因為面積寬廣、深度夠深，而是因為它從最低處就將所有水分廣納進懷裡的緣故。**正如同教宗方濟各總是積極面對最底層的人群，親力親為，進而獲得「街頭教宗」「窮人的代言人」這樣的稱號。

打破高牆，走到廣場外與人交流

我抬頭看向月曆，發現撰寫這篇文章的當天，正是二十四節氣中的「雨水」。雨水，正巧是雪融成雨、冰融成水的時節。儘管過了立春，迎來了雨水，外頭的天氣並不會因此就自動回暖。

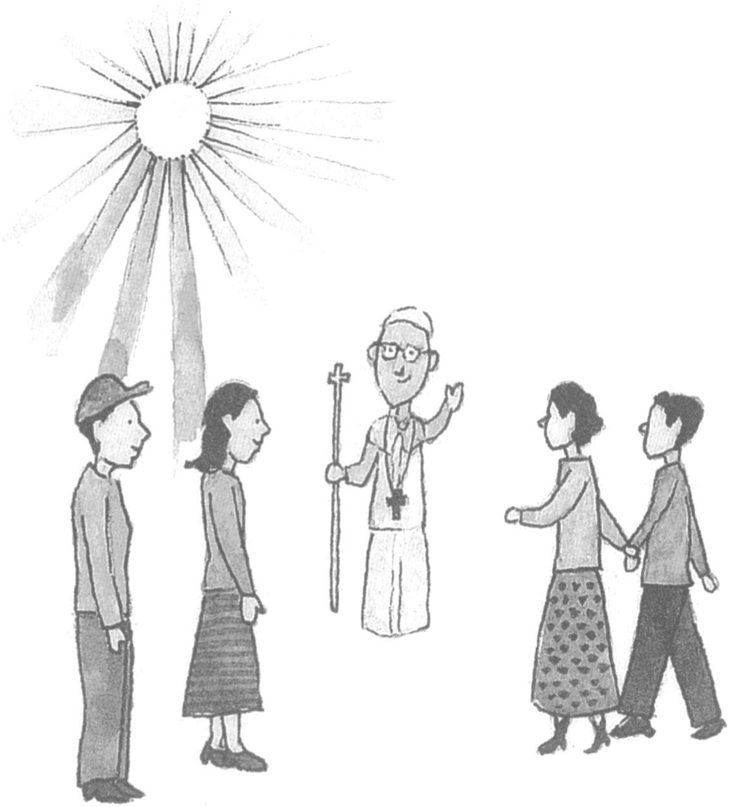

「街頭教宗」方濟各跨越藩籬，
從二分法觀點中脫離，
不繼續留守在自己的城池裡，
走到廣場外與人交流。

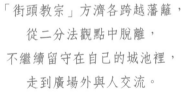

早春時分，走在巷弄中或屋簷底下，不難看見到處堆著灰白色的殘雪，這便是大自然的真理：在暗不見光的所在，冰雪不可能自行融化，要有光線照射，凍僵的大地才會逐漸暖和起來。

人類的情感或許也是如此。唯有站在和煦的陽光下，才能夠將人生的悲哀與傷痛曬乾，枯萎的心靈也才能重拾希望，並使凍結成冰的心逐漸融化。

若感受到溫暖的春天氣息隨風飄來，千萬不要一直躲在陰暗的角落裡，要趕緊起身行動，衝破藩籬。

不要徘徊在人生的外圍，記得走進人生的康莊大道上，就如同教宗方濟各一樣，往廣場、有陽光、有人間溫度的地方走去……

跨越藩籬，走向廣場，尋求交流。